了解道教

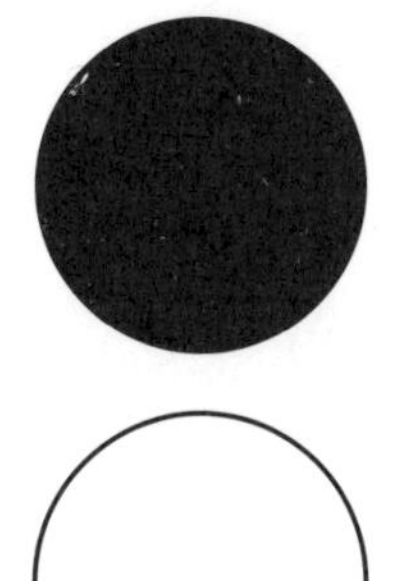

增訂版

黎志添 —— 著

初版序言

希望對道教信仰文化有興趣的有心人通過閱讀《了解道教》得以進入道教的世界，是這本小書的出版初衷。

道教是中國土生土長的傳統宗教，本身就是一個博大精深的中國宗教文化寶庫。在中國社會，道教歷來具有廣泛的精神影響力，並滲透至社會各個階層，從王朝的統治者、精英知識分子到民間百姓，形成了獨特的中國本土宗教文化特色。

道教信仰內涵雖然龐雜，但並非是一個在儒、釋以外的中國傳統信仰文化「雜貨堆」。我們不能將一切非儒、非釋的信仰行為均視為道教信仰，亦不能認為這些非儒、非釋的信仰均符合道教的原則，我們必須清楚認識道教信仰有其獨特並一以貫之的主體性，我們也必要明晰道教與周邊民間信仰的關係。道教作為一個宗教信仰，有其獨立的知識系統，可讓人們了解和學習。

與其他外來的宗教不同，道教是一個本土味很濃的宗教。要了解道教，一開始難免要從歷史材料中去掌握一些基本的道教概念，但要認識道教這個宗教傳統的來龍去脈，純歷史的理解進路，僅僅有助於釐清道教的歷史發展，卻難以認識其博大精深的宗教信仰內涵與文化傳統，以及從中折射出來的人生智慧。

然而，現在所見道教的情況已不復往昔的興盛蓬勃，因為從晚清到近代，道教曾陷入今日大家難以想像的困境，這也是造成今天大家不明白、不了解道教的原因。例如在香港殯儀館中擔任儀式專家的正一派火居道士（廣東俗稱「喃嘸先生」）所做的功德法事，大部分喪禮參與者並不十分明白這些法事的程序和用意，更不了解這些看似繁複的儀式背後悠久的道教度亡傳統。

要了解道教這個複雜的宗教文化傳統，不能離開中國傳統文化的思維及價值系統。道教對中國人來說，不是一個已逝去的傳統宗教信仰；反之，它豐富的宗教習俗和生命智慧依然構成當今大多數中國民眾的信仰內容，並成為可以倚靠的精神力量。但是，由於道教蘊涵中國兩千多年的宗教傳統，又涉及龐雜多樣的經籍、儀式、符咒、修煉和道派，並且在其歷史發展中又結合了中國地方社會多元和複雜的宗教文化和習俗，因此對一般讀者而言，具備整體的道教知識，實乃不易之事。而事實上，就客觀條件而言，道教文化已與我們今天的學校教育體系完全脫節，這種割離，實為現代文明沉重地掩蓋源遠流長的中國傳統文化的表象之一，令有識者無限感慨與唏噓。

作為中國土生土長的宗教，這兩個「土」字顯示了道教長久以來與地方社群的生活習俗建立了密切的聯繫。一方面，道教將與民眾禍福命運有關的宗教信念，付諸於齋醮科儀的實踐中；另一方面，由道士主持的齋醮科儀在中國民間社會普遍地盛行。正如臺灣道教學者李豐楙所概括：「無論是拔度性質的齋法，抑或吉慶性質的醮法，都已和常民生活聯結為一體，真正成為生活習俗中的一部分。」

要了解道教，就不能依據受基督新教影響甚深的現代西方宗教觀。與出自西方基督傳統背景的宗教不同，道教的教義信條和對信徒身份的界定並不是建立在某些固定的神學理念之上。從宗教比較角度來說，道教不屬於強調「教義認信」的宗教，不像基督宗教那樣執著於向其他文化傳播其「普世價值」，從而不斷在各個歷史時期和文化變遷中推廣其「正統」的神學教義；道教也不會刻意劃定信徒身份，皈依和信仰轉換在道教世界中並非主要問題。可以說，道教屬於儀式型宗教（liturgical religion），儀式之於道教的重要性造就了這一宗教的獨特面貌。道教以其繁複的宗教儀式著稱，從某種意義上來說，道教是以科儀立教的。因其「土生土長」的身份，道教在齋醮儀式之中已經自然而然地表達了中國人祈願、懺悔、赦罪、解脫及拯救等宗教精神。

本書共分五章，循序漸進地勾勒出一條了解道教的線索。希望通過筆者的解說，大家不單單可以從哲學、抽象的層面去了解道教，還能從宗教、具象的層面去認識道教，並且能在自己身邊發現道教。

了解道教不能離開它的載體，宮觀就是其中一個載體。第一章介紹道教信仰的傳播，以宮觀和宮觀道士（即今日所說的道教教職人員）為核心。這一章的主旨是介紹道教宮觀與教職人員，包括出家道士，以及非出家但與宮觀有關或與宮觀的道教生活有密切關係的道士。概觀中國道教的宮觀，實踐道教信仰的不完全是出家道士，非出家道士的普遍存在是當下道教的實際生存狀態。

第二章的內容是詳解道教所信仰的「道」之真意。道教以「道」立教，欲了解道教，首先就要了解何為「道」。「道」的思想一直是中國傳統文化深層結構的重要組成部分。「道」信仰的核心內容是對生命的肯定和尊重，因此說道教教義就在於「尊道貴生」。以「道」的信仰為核心，道教在歷史發展中的存在形態分為不同時期的不同道派。本書將以「正一」和「全真」這兩個明代以來最具代表性的道派傳統作為個案進行說明。借用著名道教學者施舟人（Kristofer Schipper）的說法，兩個道派「非常完美地相互補充」：全真教（另稱全真道、全真派，本書統稱全真教）通過其嚴格的戒律清規和對內丹道術的修習，保持和完善了道教較高層次的神秘主義；而正一派則支撐著地方社群的廟宇組織，並為地方民眾提供儀式專家及道教儀式服務。

第三章將談及道教在地方社會的生存狀態，道教的廟宇化以及廟宇的道教化，說明地方火居道士與民間習俗、宗教生活有非常緊密的關係。這章的內容主要涉及道教信仰的傳播，包括地方社會中道教信仰的滲透情況、普遍程度和習俗化儀式。地方廟宇的道教化，可以通過廟宇中的節誕、開光或中元法會等來觀察。例如今日香港長洲的太平清醮，道教在這一大型民俗活動中扮演頗為重要的角色。

第四章主要介紹的是在家信眾組織的道堂。明清以來，道教的存在形式出現一種新的發展趨勢，道教研究者認為這趨勢和明清社會的轉變相呼應。本章介紹的是道教第三種重要的存在形式，即不是以道士或者道觀為中心，而是由一群崇拜某位道教神明的在家信眾聚合組成的道壇或道堂。這類扶乩道堂大部分供奉的是呂祖。我們將探究如何在道教傳統中理解呂祖乩壇的發展。

進入《了解道教》第五章，我們將以道教對死者的救濟作為切入點，討論道教的生死觀，解說道教儀式與民眾生活的緊密關係，並分析其宗教信仰如何體現於科儀的實踐中。本章先解說「鬼魂」這個中國宗教信仰基本的象徵符號，並分述儒家喪禮與道教度亡儀式間儀式目的之差別，再以香港正一派的齋儀為例，詳明道教度亡儀式中的節次關係及內裡所包含的意義。最後，討論道教打齋儀式背後的神學內容，指出道教追求一個「無冤結」社會之宗教理想。

最後，本書認為傳統中國文化仍可以為中國現代社會和個人生命提供重要啟迪，因此有必要重建道教人文傳統。重建道教文化，首先必須重新提煉道教傳統信仰，發掘其對當代精神文明的貢獻。

本書能夠付梓問世，筆者首先要感謝三聯書店（香港）的李安女士，由於她的誠懇邀請，筆者才答應為三聯書店主辦的「開方講堂系列」講授四課「了解道教」的公開講座：（一）道教教派的歷史發展：正一與全真；（二）道教神明信仰與民間廟宇祭祀的關係；（三）道教呂祖與扶乩信仰；（四）道教齋醮科儀及其生死信仰。本書基於這四講內容擴寫而成。其次，筆者要感謝以下四位香港中文大學道教研究博士課程的學生：潘沚渝小姐、胡劼辰先生、龍泓孜小姐、梁斯韻博士。他們先將筆者的講座錄音轉換成文字，之後再由筆者整理、修訂及增補，撰成全書文稿。本書的文字潤飾，亦獲得吳真教授、祝逸雯博士和陳文妍博士的協助，在此一併致謝。最後，筆者要感謝賀晏然博士和陳虹莊女士。她們先後與筆者一起工作，在本書的編輯、校訂和出版過程中多有襄助。

重版序言

《了解道教》的第一版在二〇一七年五月出版，至今已經八年。初版出版之後，讀者反應熱烈，能夠通過此書加深對道教的了解。此書很快就銷售告罄，以至於無從購買，筆者常常被詢問何時可以重印再版。但是由於筆者在過去幾年一直忙於《道藏輯要．提要》和《香港廟宇碑刻志：歷史與圖錄》的出版，以及「嶺南文化與世界」的協作研究計劃，因此，把重印再版的工作擱置下來。今年，二〇二五年適逢由我主持的中文大學道教文化研究中心成立二十周年，所以我決心與香港三聯書店商量《了解道教》的重版事宜，延續出版此書的初心，初版的時候，我曾說：「希望對道教信仰文化有興趣的有心人，通過閱讀《了解道教》，得以進入道教的世界。」

《了解道教》的重版本的結構與初本沒有分別，只是在第一章第三節「性命修煉」和第四章第四節「香港的在家善信組成的呂祖扶乩道堂及呂祖讖」中擴展了我的見解。尤其是從《了解道教》初版出版之後，筆者的研究興趣從道教科儀歷史慢慢轉到道教內丹修煉，並因此對道教的修真信仰有更深的體會。所以，在重版的內容上，強調內丹修煉的知識對了解道教傳統的重要性。至於扶乩道壇對近代道教改革運動的影響，筆者對這一結論至今沒有改變。在此重印本中，筆者補加闡述在香港呂祖乩壇最有代表性之一的「玉清別舘」及與此乩壇有直接淵源關係的修真道書——《內外修篇》。

《了解道教》代表筆者過去一直以來在從事道教學術研究旅程上的一點領會和感悟，想跟具有共同興趣的讀者分享，希望扭轉過去大家對道教作為中國土生土長的宗教文化傳統的誤會和偏見。最近，電影《破．地獄》和《哪吒》上映的熱潮，都反映道教文化重新為華人在思考傳統與現代的文化轉變中提供文化的滋養。雖然如此，今天我們對了解道教文化還是明顯不足，本書目的仍然在於填補這一空缺。

黎志添
香港中文大學道教文化研究中心
乙巳年二月十一

目錄

第二章
「道」與道派

第四章

在家信眾的道教傳統：呂祖道壇與扶乩信仰

第一章

如何了解道教？——道教起源及歷史發展

第一節　道教在近現代中國的興衰

道教自近現代以來，遭受了政治和經濟上的巨大打擊，與此同時，道教亦常被貶為與「卜筮、星相、巫覡、堪輿」一樣的「迷信風俗」。對近代中國知識分子來說，道教曾經是必須要拋棄和廢除的舊封建傳統。例如梁啟超（1873-1929）就曾對道教作出以下極為負面但難以令人信服的評價：「就中國原有的宗教講，先秦沒有宗教，後來只有道教，又很無聊。道教是一面抄襲《老子》、《莊子》的教理，一面採佛教的形式及其皮毛，湊合起來的。做中國史，把道教敘述上去，可以說是大羞恥。他們所做的事，對於民族毫無利益，而且以左道惑眾，擾亂治安，歷代不絕。講中國宗教，若拿道教做代表，我實在很不願意，但道教雖很醜，做中國宗教史又不能不敘。他於中國社會既無多大關係，於中國國民心理又無多大影響，我們不過據事直書，略微講講就夠了。」（梁啟超：《中國歷史研究法（補編）》，1961年，頁200）

到了晚清及民國，道教和神祠廟宇的宗教傳統影響力明顯下降。清末民初的中國知識分子改變了對傳統神祠廟宇的立場，他們開始相信和接受西方傳教士的觀點，否定中國傳統祠廟信仰可能提供的任何價值。例如康有為於光緒二十四年（1898）五月十五日向光緒皇帝呈奏的奏摺——〈請飭各省改書院淫祠為學堂折〉，就稱：每鄉必有數廟，每廟必有公產，建議光緒皇帝改廟宇為學堂，以廟產為公費。上法三代，旁採歐洲，責令兒童六歲以上者都必須入學讀書。

「五四」以來，知識分子就不斷對中國舊有傳統與宗教提出各種批判和攻擊，認為它們對理性和自我人格的獨立發展有所桎梏與壓抑。新文化運動進一步批判中國傳統宗教文化體系是阻礙中國走向現代化的絆腳石，道教亦因此被視為封建迷信。道教在當時受到批判並不是個別現象，當時是整個中國傳統文化都被全面否定了。

事實上，毋須等到一九六〇年代的「文化大革命」，早在清末和民國時期，中國地方道觀就已經遭受多番沉重的打擊和破壞。民國時期，正一派火居道士（即不出家的道士）的道館業務在廢除迷信的風俗改革運動中被勒令停止並取締。至於正一派道士經營的道館和儀式行業的完全終結，應該是在一九四九年中國大陸政治轉變以後出現的。例如廣州市在中華人民共和國成立後，規定不准從事占卜算命、符水治病等活動，至於道教齋醮法事則不得在非宗教活動場所進行。長久以來，正一派火居道士一直持守與俗世火居、經營道館及承接道教儀式的在家傳統，但由於沒有了固定的道館，正一派道士逐漸失去生存的基礎。一九五〇年前後，各自分散活動的正一道館陸續關閉，正一派道士紛紛轉向社會另謀生計，至此，只有以道觀為中心的全真教在廣州傳播道教。

在對中國傳統文化的否定上，無論是一九三〇年代國民黨政府在南京及廣州推行的風俗改革運動，還是一九四九年之後共產黨的「破四舊」、「文化大革命」等政治運動，都代表著在過去一百多年裡，中國在邁向社會現代化進程中，對自身傳統文化的批判甚至拋棄。由此，道教不僅退出了國家政治體系，並在文化、教育、藝術、文學等領域被邊緣化。

一九四九年以後，道教信仰及儀式在中國大陸的民間社會受到政治打壓，百姓對道教神明的香火供奉活動完全被禁止。至此，綿延了近二千年的有組織的道教活動在中國社會幾乎完全消失。正如道教學者施舟人的描述：「然而，我們不得不承認，在過去的半個世紀中，道教在中國人的日常生活中幾乎消失得無影無蹤。」（施舟人：《中國文化基因庫》，2002年，頁146）但這些破壞並不代表道教信仰「全軍覆沒」。一九四九年以後，海外華人社會的道教信仰及宗教儀式活動並沒有受到中國內地政治變動的影響，得以繼續保存、發展和推廣。一九四九年至今，香港、臺灣及新加坡等華人社會中的眾多道觀、道士及信眾仍然依照傳統的道教信仰習俗及儀式，實踐著各種形式的道教活動。

以香港為例，許多廣東道教團體和正一派道士因為時局政權變化而南遷香港。由於香港特殊的政治環境，英國殖民地政府一直推行政教分離、宗教自由的政策，這樣自由開放的環境能兼容不同宗教傳統和派別，道教信仰和儀式遂得以在香港茁壯生根。道教至今仍是香港華人社會主要的宗教信仰及習俗文化，不僅有超過一百多所的道觀、道堂和道壇，道教儀式亦保持蓬勃的發展。例如以祭禱道教神明、還願祈福儀式為主的太平清醮，至今仍在香港鄉村社區定期舉行，而長洲的太平清醮更成為了國家級非物質文化遺產。

一九八〇年代後，在中國土生土長的道教，其宗教文化生命力並沒有完全窒息，反而重新煥發生機。自一九八〇年代至今，中國內地經歷了三十餘年的開放發展，大量道觀獲得恢復、重建和開放，道士的儀式活動亦得以蓬勃發展，在道觀及民間社

▲ 上香

會可見昔日道教傳統逐漸復甦。根據二〇一七年官方的統計，中國內地經正式登記註冊的道教場所有八千二百多處，而經認定的教職人員有四萬多人。毋庸置疑，道教神祇信仰依然為當代中國人的宗教精神生活提供重要支持，特別在處理生死大事方面，道教度亡法事仍為百姓提供重要的精神安慰。事實上，今天的道教仍然以其堅韌的宗教生命力，在中國社會中形塑、展現中國人豐富的宗教世界和精神生活。

經過一百多年中國知識分子尋求中國文化現代化的曲折過程，如今我們已經明白，傳統中國文化仍然可以為中國現代社會和個人發展及生命意義提供重要啟迪，因此有必要重建道教人文傳統。重建道教文化，必須重新提煉道教的傳統信仰，發掘其對當代人精神文明的獨特貢獻。例如「文化大革命」對傳統歷史文化造成的破壞，鮮活地說明了一個與傳統文化割斷的自我，不一定能夠阻止此最黑暗、愚昧，並且喪失人性的傷害再度發生。如何重新與傳統文化接軌、對談，讓傳統回歸我們之中，最終培養出有歷史、文化、自然關懷和責任感的獨立完整人格呢？我們或許可以透過了解道教這個中國宗教文化寶庫去尋求答案。

第二節　「習俗化」的道教信仰

要了解道教，首先要把握高度「習俗化」的道教信仰，以及道教在中國社會中的發展歷程與其所擔當的角色。道教在中國社會歷來是具有精神影響力的本土傳統宗教，其影響力滲透至社會各個階層，包括王朝的統治者、精英知識分子和民間百姓，形成了獨特的中國本土宗教精神文化。

自唐宋至元明，道教雖然經歷了多次危機與改革，但在帝國形式的政治制度下，道教一直保有對中國政治文化與歷史進程的影響力。例如在印刷業興盛的明代，道教經籍大量刊印，道教文化更影響到戲曲、詩詞和小說的創作，以《西遊記》為例，小說生動地反映出明代道教的神仙信仰、內丹修煉及道派思想。另外，明代士人在科舉中常通過請神降筆的扶乩活動，預測考試題目及功名前程，道教神明如純陽孚佑帝君和文昌帝君都是乩壇主要的降乩神明。此外，明代文人詩詞小說的創作高峰也與當時勃興的扶乩活動有著密切關係。可以說，這反映道教信仰成為明代士人修煉心性的精神力量。

道教在傳統中國社會的精英文化地位，從明代到清代經歷了重大轉變。江西龍虎山張天師（正一派天師）在明代得到王朝的極大禮待和重視，但是到了清初，由於滿族政權對漢族道教傳統的控制，張天師正一派傳統逐漸衰落。乾隆四年（1739），「詔禁正一真人及龍虎山法官往各地開壇傳度，若自行考選道士，授籙傳徒，將論罪處置。」乾隆十七年（1752），「正一真人品級由二品降為五品，而且不許援例請封。」（《中國文化基因庫》，頁149）至道光元年（1821），清政府直截了當詔令第五十九代天師張鈺（1770-1821），不再允許其入京覲見。

▲ 張天師圖（施舟人教授私藏）

雖然清代正一天師的地位遭貶降，但是正一派道教仍保持長期以來的地方發展特色，民間的正一派火居道士及其法事儀式在清王朝統治結束以前，依然與中國地方民眾保持非常緊密的聯繫。從以下施舟人對清末京城道教情況的描繪，我們不得不驚訝於道教與中國民眾生活之間已保持有上千年的緊密關係：「清末北京城有六十多座道觀和大大小小五百多座道教的神廟，所謂的祈安大醮、超度齋會以及各類保護神的祭典遊行和酬神演戲活動，是京城隨處可見的常景。這種情形在中國的城市與鄉村同樣普遍。」（《中國文化基因庫》，頁147）另外，據已故上海正一派領袖陳蓮笙道長（1917-2008）的回憶，民國初期上海市的正一派道院、道房也比比皆是，「只見『客堂間裡道士，灶披間裡道房，亭子間裡道士，閣樓上的道士』，甚至『棺材店裡帶道士，香燭店裡約道士，賣經攤上兼道士，課台瞎子代道士』，真可謂「路路見道堂，處處有道房」。（陳蓮笙：《陳蓮笙文集》，2009年，頁274）

事實上，當時正一派支撐著地方社群及廟宇的儀式活動，並延續宋代以來其作為儀式專家的傳統。正一派火居道士中有兼具道士及法師身份的儀式專家，這一群體在民間社會為百姓提供各種道教儀式服務，如打齋、超度、開光、禮斗、禳災、辟禍等。正一派火居道士多不依附道觀，他們可自立道壇、道館，或受僱於民間廟宇，主持

▲ 香港新界正一道士科儀現場

各種功德法事。

在中國內地的鄉村裡，仍有一種身份上並未歸屬道士的法師，他們為百姓提供兼具道教色彩及民間巫術特色的民俗儀式。這一群民間法師是道教儀式民間化的結果，反映了傳統道教信仰在民間普及的情況。晚清民國時期，道教在民間社會仍然保持一定的生存空間，中國百姓仍然接受民間道士或法師為他們主持各種紅、白事的儀式，道教的儀式活動仍流行於民間社會。這一民間道教儀式傳統在當代社會得到延續，在民間發揮宗教安撫的作用。

以香港的正一派「喃嘸先生」為例，他們與道觀無關，而是以受僱方式為香港民眾舉行吉事或凶事儀式。今天百分之七十的香港華人家庭在家人去世時，都會僱用正一派喃嘸先生於殯儀館或道堂，為先人舉行超度儀式。這正好說明道教已經成為中國人日常生活習俗的一部分，印證了道教是中國土生土長的宗教文化這一事實。宗教信仰沒有一刻離開過中國人的生活，道教從過去到今天，在中國人的節慶、死亡、求福、禳災等習俗中，一直扮演著重要角色。筆者相信，習俗化的道教傳統在未來將繼續為中國人提供「陰安陽樂」的生死關懷和宗教慰藉功能。

第三節　道教信仰與文化的七種載體

道教的信仰內涵雖然龐大，但並非是一個除卻儒、釋以外的中國傳統信仰文化的「雜貨堆」。我們不能將一切非儒、非釋的信仰行為均視為道教信仰，或認為它們均符合道教信仰的原則。我們必須清楚認識道教信仰是一個獨特並一以貫之的主體，我們也有必要明晰道教與周邊民間信仰的關係。道教是一個可以了解和學習的宗教信仰知識系統，我們建議透過以下七種道教信仰與文化的載體來認識道教：

一、道觀
二、道士
三、科儀
四、扶乩道壇
五、性命修煉（內丹）
六、道教神祇
七、《道藏》

一、道觀

道觀，又可稱為「宮觀」，是道士祭祀、修煉、研讀道經、舉行科儀的場所。居住在道觀內的道士，必須持守嚴格的戒律，上殿必行早晚功課。道觀多建於各府州縣要地，或名山洞天福地，因此經常成為地方民眾的信仰中心。

早期道教的宗教場所主要稱作「靖」（或稱「靜」、「靜室」）、「治」、「廬」及「館」。所謂「靖」或「靜」，劉宋時期道士陸修靜（420-479）在《陸先生道門科略》中曾介紹：奉道以靖室為致誠之所，須與其他的屋宇相隔絕，其中不應儲存雜物，並保持它的清靜與整潔，室內只要放置香爐、香燈、章案、書刀四樣東西就可以了。奉道之家設立「靜室」，意在與家中凡俗之處區隔開來。它最初出現就是為了區分神聖與凡俗，在奉道與俗事之間劃出界限。

南北朝末期，開始有帝王敕建官方道觀，並逐漸形成規模。帝王為了推崇當代重要道士，特地為這些高道建立道觀。比如南朝劉宋明帝（439-472）為陸修靜於建康北郊天印山敕築「崇虛館」；北周的帝王也曾敕建通道觀、玄都觀。這些最早的道觀都是帝王為了供養其所推崇的高道而建，讓高道主持日常的觀務。

到了唐代，供奉地位崇高的尊神的道觀，改稱為「宮」。如天寶二年（743），唐玄宗下詔「改西京玄元廟為太清宮，東京為太微宮，天下諸郡為紫極宮。」（《舊唐書・玄宗本紀下》）改觀為「宮」，當然是皇帝的特權，不過其理念基礎仍出自道教特有的宇宙觀念。道教所理解的神仙世界是一個等級森嚴的官僚世界，所謂「天人一理」，天上的神仙官僚世界一如世間的政權制度，有最高的尊神，其下各有僚屬。尊神的治所，當然可以稱為「宮」。人間的道觀若供奉的是此類尊神，自然也應稱作「宮」了。終唐一代，全國官方道觀網絡逐漸完善。至高宗時期，各地興建了很多道觀，如永淳二年（683），下詔天下諸州置道士觀，上州三所，中州二所，下州一所，每觀度道士七人，每年依道法齋醮。唐代國家通過宗教政策，在各個地方行政區域設置具有統一名稱的官方道觀，主要職責是為國家和帝王祈福。

宋代諸帝亦多崇道，多於首都或地方敕建道觀，像真宗敕建的天慶觀（元、明以後改稱為玄妙觀），以及徽宗敕建的上清寶籙宮、玉清神霄宮，皆屬於官方道觀。金元時期，新道教盛行，長春宮（即現今北京白雲觀前身）和山西永樂宮，均為全真教推廣教法的重要道觀。

明代帝王貴族也經常建觀祈福，如明成祖在武當山敕建崇拜玄天上帝的宮殿群，宣宗在皇城西北建朝天宮等。這些朝廷敕建的道觀規模宏偉，體現了宗教建築的最高成就。

▲ 北京白雲觀

著名道教宮觀舉隅

例一：北京白雲觀

北京白雲觀始建於唐玄宗開元二十九年（741），初名天長觀，供奉太上老君，宋代改名為太極宮。元初（1224-1227），丘處機真人應元太祖成吉思汗之詔，掌管天下道教並獲賜居此觀，易名長春宮。他羽化後，其弟子於長春宮東側建處順堂，藏其遺蛻。明初，長春宮毀於戰火，唯處順堂獨存，朝廷曾幾次頒旨重修，其修建工程以處順堂為中心向四周擴展，更名為白雲觀。明英宗正統八年（1443），英宗皇帝再次頒旨修繕，並賜「敕建白雲觀」匾額。

▲ 江西龍虎山天師府玉皇殿

例二：江西龍虎山天師府

江西龍虎山是道教正一派的祖庭。在道教興盛時期，龍虎山地區曾先後建有十大道宮、八十一座道觀、五十座道院、十個道庵，其繁榮景象可見一斑。可惜自唐、五代至今，滄海桑田，多數宮觀早已圮廢，山野茫茫，無可辨認，保存至今者只有天師府。

天師府全稱「嗣漢天師府」，又稱「大真人府」，坐落在上清鎮，是歷代天師起居和祀神的地方。天師府初建於宋代，現在的建築大部分於清代重修。其格局坐北朝南，以府門、二門、私第為中軸線，修建了玉皇殿、天師殿、玄壇

▲ 廣州三元宮三元寶殿

殿、法籙局和提舉署、萬法宗壇等，從而把宮觀與王府建築合為一體。

例三：廣州三元宮

廣州三元宮在粵秀山（現稱「越秀山」）西南麓（現址在越秀區應元路），其創立時間並不十分確切，一說創建於明萬曆至崇禎年間，由舊有的越岡院改名為三元宮。入清，在平南王尚可喜及靖南王耿繼茂攻下廣州城（順治七年，1650）之後，廣東巡撫李棲鳳於順治十三年（1656）修建了當中的三元殿。至乾隆時期，三元宮已然成為廣州府民眾熟知的道觀。一九四九年之後，三元宮仍然保留著光緒元年（1875）重修後的布局：「當門靈官殿一座，天井兩旁左邊鉢堂，右邊齋堂。而入三元殿，左邊鮑姑殿，右邊祖堂，呂祖殿一座，太上殿一座，後樓玉皇殿一座。另有客堂一間，上下廚房兩間。」（《廣州宗教誌資料彙編．第二冊．道教》，1995年，頁14）從一九八二年起，廣州市道教協會開始全面的修復三元宮，建築格局大致與清光緒時期相同。煥然一新的三元宮依山勢而建，殿閣逐級而上，院落隱於林木之間，清虛優雅，堪稱嶺南之勝境。

例四：上海城隍廟

上海城隍廟，原為金山廟，祀奉漢代大將軍霍光，所以又名霍光行祠。明代永樂年間（1403-1424），由當時的知縣改建為城隍廟，供奉的城隍神是秦裕伯。秦裕伯，字景容，元末明初人，明太祖敕封為上海城隍。金山廟改建為城隍廟後，仍然兼祀霍光，俗稱「前殿為霍，後殿為秦」，其時，廟的規模尚小。明天順年間（1457-1464），重修廟宇，殿前建亭，將誥文勒石。嘉靖十四年（1535），改建山門，並建造牌坊一座，上題「保障海隅」四字。

到清代順治四年（1647），鑄銅鼎一座，置於頭門天井之中，上鐫「松江府上海縣城隍

▲ 上海城隍廟

廟通天永寶彝」字樣，並刻有八十字的短頌。康熙四十八年（1709），當地鄉紳在廟東構建東園，鑿地造亭，堆疊山石，栽種花草。乾隆中葉，潘充庵的豫園逐漸荒廢，潘氏家族衰落，急於求售。群眾以賤價購得，歸入城隍廟作為西園，分地修葺，闢為各行業公所。至光緒十九年（1893），知縣王承暄募捐頭門、二門、轅門大殿以及戲樓鼓亭等。在此期間，城隍廟遊人日多，商貿日盛。

據記載，城隍廟全盛時期，擁有大殿、中殿、寢宮、星宿殿、閻王殿、財神殿、文昌殿、許真君殿和玉清宮等眾多殿堂。上海城隍廟歷來由正一派道士住持管理。明清兩代，城隍廟的主要宗教節日是「三巡會」、農曆二月二十一日的城隍誕辰和三月二十八日的城隍夫人誕辰。

例五：香港蓬瀛仙館

香港蓬瀛仙館位於香港粉嶺鐵路站側，地處粉嶺山麓之百福村，屬全真教龍門派宮觀。據〈創建粉嶺蓬瀛仙館記〉碑，修龍門正宗的道人何近愚、陳鸞楷與廣州三元宮主持麥星階道長，於一九二八年同遊香江，訪粉嶺安樂村本立園主人李道明。他們遙見粉嶺崇山疊翠，萬松環繞，故起創修龍門正宗道院之議。回省後，他們約同道伍湊集巨資，建築道院，取名「蓬瀛仙館」。一九二九年，大殿落成，供奉太上老君、呂純陽，稍後數年再設殿供奉長春真人丘處機。創館初期，蓬瀛仙館主要供同門道侶研經修養；一九四九年，在華民政務司署登記為道教社團，住持之職改稱館長，開展慈善服務工作；一九五〇年代，採用監理事制度；一九七二年，再改組為「有限公司」。現時，蓬瀛仙館是獲香港政府豁免繳稅的慈善團體，踐行「弘道立德、濟世度人」的宗旨，興辦多種社會服務及推廣道教文化項目。

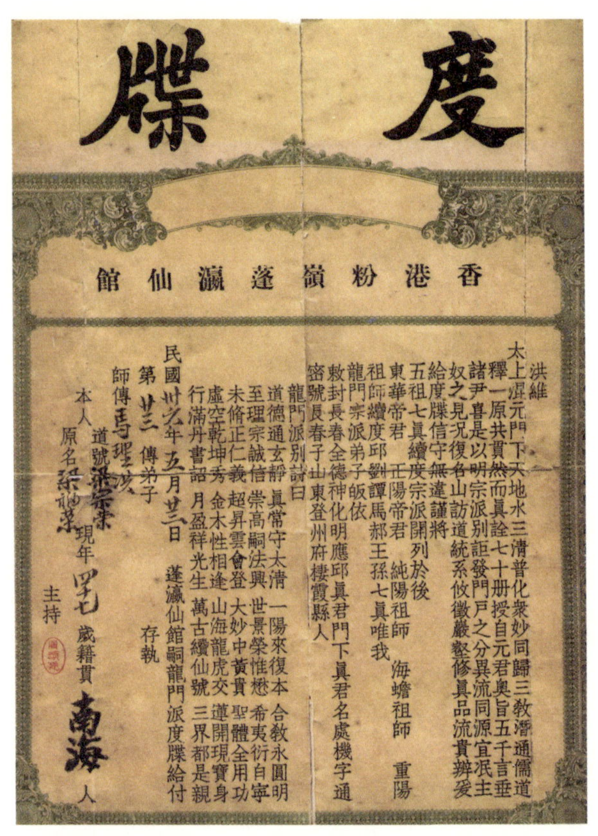

度牒

香港粉嶺蓬瀛仙館

洪維
太上混元門下天地水三清普化衆妙同歸三教潛通儒道
釋一原共貫然而真詮七十冊授自元君奧旨五千言垂
諸尹喜是以明宗派別詎發門戶之分異流同源宜泯主
奴之見況復名山訪道統系攸徽巖壑修真品流貴辨爰
給度牒信守無違謹將
五祖七真續度宗派開列於後
東華帝君　正陽帝君　純陽祖師　海蟾祖師　重陽
祖師續度邱劉譚馬郝王孫七真唯我
龍門宗派弟子皈依
敕封長春全德神化明應邱真君門下真君名處機字通
密號長春子山東登州府棲霞縣人

龍門派別詩曰
道德通玄靜　真常守太清　一陽來復本　合教永圓明
至理宗誠信　崇高嗣法興　世景榮惟懋　希夷衍自寧
未脩正仁義　超昇雲會登　大妙中黃貴　聖體全用功
虛空乾坤秀　金木性相逢　山海龍虎交　蓮開現寶身
行滿丹書詔　月盈祥光生　萬古續仙號　三界都是親

民國卅[illegible]年五月廿三日　蓬瀛仙館嗣龍門派度牒給付
第廿三傳弟子　存執
師傳馬理[illegible]
本人　道號梁宗[illegible]　原名梁[illegible]　現年[illegible]歲籍貫南海人
主持

▲ 香港蓬瀛仙館道侶入道度牒

二、道士：正一派（俗世火居）與全真教（叢林出家）

道士是承傳道教信仰的「神職人員」。過去，道士這個宗教身份在道教傳統裡一直都有非常清楚的認定方法，獲得道士身份有相應的條件，並非俗世信徒可以隨意擔任或自稱的。簡要言之，正一派的俗世火居道士必須接受經籙、領度牒後，方可入壇行法，叢林出家的全真教道士則必須先受清規戒律、住觀修行，方可傳教。

公元二世紀中葉，天師張道陵在四川創立天師道（又稱「正一盟威道」）。天師道在魏晉南北朝時期廣泛傳播，並在唐代得到長足發展。晚唐五代時期，張道陵的天師家族在江西龍虎山定居下來，逐漸取得江南地區道教的領導地位。元大德八年（1304），元成宗敕封張道陵第三十八代孫張與材（1264-1316）為「正一教主」，主領道教三山（龍虎山、茅山、閤皂山）符籙。自元以降，正一派與全真教並列為中國道教兩大道派。

在金代，全真教開始仿效佛教叢林，建立道士出家修行、住觀的制度，但是正一火居道士的儀式行業性質及父子世代相傳等特色，並未受全真教影響而全部改變。大部分地方上的道士仍屬於所謂「火居道士」，過著俗世的婚姻家庭生活，遇有喜慶節日或喪葬時，

▲ 民國初廣州祈福羅道館

才應主人家之請，穿上道袍前去做法事。正一派道士只要在受籙領度牒之後，就可以為人家供應法事、奏章齋醮，獲取養活自己和家人的生活報酬。

根據乾隆刻本《番禺縣志》（1774），鄉鎮火居道士經營的道館在廣東地區廣泛流行，城鎮和鄉村的街道、小巷裡最多的就是道館，為招攬生意，他們在道館門外懸掛以姓氏命名的道館招牌。自清以來，這種私人性質的道館一直在廣東地區營業至民國初年。民國廿四年（1935）出版的《廣州年鑑》指出，這些正一派道館專門經營「喃巫唸經捉鬼禳災之業」，民眾對其深信不疑，道館的分佈也最為普及。

民國時期，仍有很多商業性質的道館散佈在廣東市鎮、鄉閭之間。遇人家喜慶嫁娶、喪葬，需要禳鬼、治病，或遇上神誕節慶，俗稱「喃嘸先生」的職業道士，就應請在道館裡或前往人家住處，做各種功德法事，例如讚星、脫褐、禮斗、旺土、禳災、打齋、做旬七等。根據民國十五年《民國日報》的記載，廣州大街小巷遍懸「正一某道館」的招牌，他們自稱是「道館」，卻只有喃嘸一人，和「道觀」有別。

關於廣東鄉鎮市地區的火居道士被俗稱「喃嘸先生」的起源，學者至今仍未能清楚考證出來。或者可推測說，「喃嘸」字音與佛教淨土宗專唸「南無阿彌陀佛」的「南無」近似。就引申的字義來說，它又好像在表示道士喃誦唸經時低語的情態。

從金代全真教建立道士叢林出家住觀的修行制度開始，全真教出家道士一般都住在廟中，清修守戒，管理宮觀。例如《重陽立教十五論》說：「凡出家者，先須投庵。庵者，舍也，一身依倚。身有依倚，心漸得安，氣神和暢，入真道矣。」全真道士修持生活的內容包括住庵、雲遊、學書、合藥、蓋造、合道伴、打坐、降心、煉性等等，規定道士所住茅庵草舍，不得是大殿高堂和雕梁峻宇，只要「身有依倚，心漸得安，氣神和暢」即可。《重陽立教十五論》中的戒律內容既反映了王重陽從嚴治教的思想，也為全真教的戒律奠定

▲ 四川青城山道觀上清宮

了基礎。

元明之際，全真教有較大的發展，創建了一系列全真道觀。隨著宗派和道觀的增多，全真教參照佛教寺廟的管理制度，制定了《全真清規》。清代著名的全真教「三壇大戒」，指的是由「初真戒」、「中極戒」、「天仙大戒」組成，針對全真教出家道士的傳授戒法。據全真龍門派稱，三壇大戒源自清代順治至康熙時期的全真龍門派祖師王常月，他在主持北京白雲觀時，創立戒壇，公開傳授。據說自順治十三年（1656）起，王常月廣收弟子，登壇說戒，度弟子千餘人，全真龍門派聲名威振一時。受戒道士須經過一百天的戒期，因此三壇大戒又稱「百日圓滿三壇大戒」。一九一一年辛亥革命以後，全真教的傳戒由於種種原因而停止。直至一九八九年十一月十二日，北京白雲觀重開戒壇，全真教才恢復了停止達半個世紀之久的傳戒活動。

三、科儀

道教屬於儀式型宗教，儀式之於道教的重要程度構成了這一宗教的獨特面貌。道教以其繁複的宗教儀式而著稱，從某種意義上來說，道教是以科儀立教的。「科儀」，就是道教行法儀式的專稱，是指具有程式、法則和格式的儀式。「科」在《說文解字》有「程」的意思，而「程」又有法則之意，例如《荀子．致仕》說：「程者，物之準也。」因此，「科」具有程式、門類和規範的意思。道教稱行法儀式為科儀的原因，乃要申明道場儀式的演習程序，必須有一定的規範準式及固定內容。因此，道門稱道場法事儀式的程序為「科範」，行儀所用的經本為「科本」，行儀道士的職責為「照本宣科」，不能胡亂行儀。雖然「科儀」一詞在《道藏》（道教典籍的總集）中的最早出處尚待考證，但據唐代道教科儀書可知以「科」專稱道教儀式的規範，最遲在唐初已經流行。

道教儀式主要可分成兩大類別，一般以「齋」和「醮」為總稱，二者有不同目的。「齋」原為懺罪悔過的儀式，後發展為可以濟度幽鬼，拔度罪魂；「修齋」，不僅有利自身，也可救濟先世以來的歷代祖先，解除他們在陰間所受報的各種苦難，以及拯救其他尚未得到救贖的亡魂，拔度他們在地獄之中積存的罪孽。「醮」是設壇酬祭神明，主要功能是謝恩還願、祈福禳災、除疫驅邪。

早在二世紀中葉，天師道教團已經創造出與道民治病有關的專門道教科儀。在「二十四治」（相當於天師道民聚會的道堂）或道民家裡的「靜室」，病人或其家屬手書自己所犯的罪過，並進行悔罪，祈禱天、地、水三官予以赦罪，這一儀式稱為「三官手書」。在早期天師道教科儀中，交通人神和祈請神明的祭祀儀式稱為「上章」，天師道道士（又稱「祭酒」，男稱男官，女稱女官）通過書面奏請的方式，代表道民呈送章文，祈請天上的神明下臨人間，解厄救患。在得到人間的奏章之後，天界神祇受邀，降臨人間，共鑒至誠，以福群有。這一連串的科儀稱為「章醮」，也就是說，醮的目的在於「延真降聖，祈恩請福」。時至今日，我們仍然可以在香港太平清醮科儀中，見到道士頻繁地上章奏表，向神明奏請，為人間言事。

除了天師道的章醮科儀之外，從公元五世紀開始的道教「齋儀」，尤其是靈寶齋儀，更成為對後世影響最為深遠的道教科儀。靈寶齋儀是具有宗教濟度、禳災等目的的一整套道教科儀。修齋的目的是祈求神靈為人削落罪過、增福添壽。六朝靈寶齋法吸收了中古世紀佛教懺儀和誦經儀式的形式，尤其重視十方禮懺與為亡魂誦經、懺悔罪過所帶來的功德作用。現今，在香港道堂常見的禮懺與超度亡魂的法事，便屬於靈寶齋儀。

仔細觀察當今香港道堂演習的各種道教科儀，可以清晰地看到，自公元二世紀以來，章醮科儀與靈寶齋儀這兩種道教科儀系統是如何並行不悖地發展。齋儀重視向神明懺謝罪愆，而醮儀則是向神明祈福謝恩。到唐宋以後，齋、醮兩類科儀又逐漸連用，即是所謂「先修齋、後設醮」的做法。有些宋代醮儀不僅旨在謝過消災、祈恩請福，還拓展至兼具拔度薦亡的功能。因此，今天香港的太平清醮雖名為「醮」，細考其內容形式，會發現其具有「先齋後醮」的模式，體現了宋代以來道教科儀的特色。宋元以降，這種齋、醮不再嚴格區分的發展趨勢，使得「齋醮」的連稱普及起來，兩者慢慢融合為一，泛指一般的道教祭祀儀式。直至今天，一般道士也很難區分齋、醮科儀之間在宗教性質上的差異。

雖然香港地處中國東南一隅，但其道教科儀基本上保留了唐宋以來的傳統，古風盎然。

道教傳統與經典在香港這個國際大都市並未被現代生活所消蝕，通過香港道教近一百年來的科儀發展歷史，可以清楚地了解道教科儀如何適應時俗而變化。

四、扶乩道壇

清初以來，各地紛紛湧現由在家信眾組成的道教團體，它們在道壇組織結構上有別於正一派和全真教兩個主流道派，是道教一種新的存在形態——以扶乩活動為中心的道壇。一直以來，我們很容易忽略自明末清初至當代中國期間，在民間冒起的這種道教信仰群體，它們並非以道士或道觀為核心，而是以皈依弟子和信眾為聚合中心。其存在形式是由一群崇拜某位道教神明的在家信眾聚合組成的道壇或道堂。近代以來，這類道堂大部分供奉的是呂祖（又尊稱為「純陽孚佑帝君」）。這些在家信眾集結在呂祖降筆（或稱扶鸞、扶乩）的乩壇，透過扶乩活動，與所信仰的神明直接溝通，提出關於人生和生活的問題，藉此獲得神明的回答。從明末清初開始，這種道堂得到了蓬勃和廣泛的發展，代表著道教的新趨勢，成為近現代四百多年的道教傳統中不可忽略的一部分。

在這股道教發展的新浪潮中，廣東境內也出現了許多新興的民間道教教團，其中包括以呂

▲ 扶乩道壇（香港省善真堂）

▲ 香港金蘭觀的扶乩活動

祖信仰為基礎的道壇（道院）、扶乩道壇及先天道團體等。大多數廣東呂祖道壇都是由皈依者自願組成，是否加入這樣的信仰團體完全是出於個人的選擇和決定。呂祖道壇的成員通過扶乩的方法，定期與神明世界往來溝通，最終目標是要獲得神明的指引。在神明和乩盤面前，信眾帶來了他們日常或者精神生活上的需求和難題，並尋求神明啟示解決的途徑。

關於呂祖扶乩道壇與全真教的關係，可以說，呂祖扶乩道壇的興起並非全然出自與全真教相融合的結果。追溯這些十九世紀後半期流行於珠江三角洲地區的呂祖道壇的宗教歷史與社會處境，直接將民間呂祖道壇與全真教龍門派聯繫是不準確的。不能因為民間的扶乩活動崇奉全真教祖師呂純陽孚佑帝君（呂洞賓），便輕易認為這是全真教在廣東境內傳播的結果，又或者說是全真教道士推廣呂祖信仰的一個表徵。呂祖扶乩道壇之興起，有其獨立於全真教道團之外的宗教土壤與社會背景，因此我們應視之為近代道教發展的獨特現象。

民國時期，中國各地仍有許多道教善信組織乩壇，刊刻勸善書。他們為了尋求回應當時政局混亂、戰爭頻仍、道德淪喪、大眾貧苦等問題的方法，透過道教乩壇推動勸善、慈濟及善堂的工作。例如晚清至民國時期的廣州市出現了很多呂祖扶乩道壇，道壇的善信向民眾贈醫施藥、勸善和傳播呂祖信仰。後來因為一九四九年中國政局的變化，廣州部分扶乩道壇轉移至香港繼續發展，如信善壇、省躬草堂、至寶台、金蘭觀、宏道精舍等。

清末以來，這些呂祖扶乩道壇還向海外華人社群傳播道教信仰。在香港，這些民間道教教團包括許多自稱「全真演教、龍門正宗」的道觀組織，它們與呂祖信仰的歷史密切相關。呂祖信仰不僅在香港「全真」道觀中成功傳播，而且還盛行於全真教傳統以外的獨立道壇組織，有些呂祖道壇更稱自己的道派為「純陽派」。這些呂祖道壇常與扶乩信仰和開乩活動、刊派善書及慈善濟世的工作聯繫在一起。

最能代表全真教道觀與呂祖信仰及扶乩活動結合的例子當屬青松觀。根據青松觀已故觀長侯寶垣道長（1914-1999）所撰的〈觀史沿革概要〉，在一九四三年，香港青松（仙）觀由在廣州恩寧路逢慶首約創建的至寶台遷港而來，並「以供奉純陽呂祖師，宏揚道教，博施濟眾為主旨」。

除了政治因素之外，據說至寶台承接了呂純陽祖師的乩旨，於一九四九年從廣州遷壇至香港，此乩旨云：「呂師特諭：『南下設壇，繼行普度。』」至於立壇命名為「青松觀」，亦是源於玉皇大天尊的鸞示（中有「十二月十八公」之句）和呂祖賜示「青松觀釋義」。

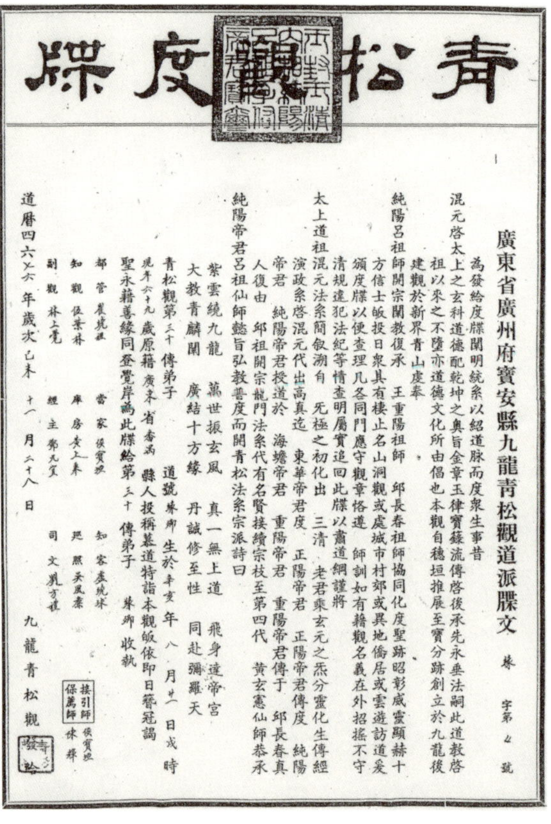

青松度牒

廣東省廣州府寶安縣九龍青松觀道派牒文　　字第　號

為發給度牒闡明統系以紹道脉而度衆生事昔
混元啓太上之玄科道德配乾坤之奥旨金章玉律寶籙流傳啓後承先永垂法嗣此道教啓
祖以來之不墜亦道德文化所由倡也本觀自穗垣推展至寶分跡創立於九龍後
建觀於新界青山虔奉
純陽呂祖師開宗闡教復承　王重陽祖師　邱長春祖師協同化度聖跡昭彰威靈顯赫十
方信士皈投日衆具有棲止名山洞觀或處城市村郊或異地僑居或雲遊訪道爰
頒度牒以便查理凡各同門應守觀章恪遵　師訓如有藉觀名義在外招搖不守
清規違犯法紀等情查明屬實追回此牒以肅道綱謹將
太上道祖混元法系簡敘溯自　无極之初化出　三清　老君乘玄元之炁分靈化生傳經
演政系啓混元代出高真迭　東華帝君度　正陽帝君　正陽帝君傳度　純陽
帝君　純陽帝君授道於　海蟾帝君　重陽帝君　重陽帝君傳于　邱長春真
人復由　邱祖開宗龍門法系代有名賢接續宗枝至第四代　黄玄憲仙師恭承
純陽帝君呂祖仙師懿旨弘教普度而開青松法系宗派詩曰
紫雲繞九龍　萬世振玄風　真一無上道　飛身達帝宮
大教青麟闡　廣結十方緣　丹誠修至性　同赴彌羅天
青松觀第三十傳弟子　道號　生於辛亥年八月廿一日戌時
現年六十九歲原籍廣東省番禺縣人投稱慕道特詣本觀皈依即日簪冠謁
聖永藉善緣同登覺岸爲此牒給第三十傳弟子　收執
都管　　當家　侯寶垣　知客
知觀　伍素林　庫房　　照
副觀　　經主　　司文
接引師　侯寶垣
保薦師　　
道曆四六七六年歲次乙未十一月二十八日
九龍青松觀發給

▲ 青松觀弟子度牒

青松觀創立了有別於全真教龍門派詩的青松派詩，據稱是一九五〇年，在香港九龍偉晴街六十七號四樓開立壇址時，得呂純陽降乩，云雖接法嗣龍門，但又特頒青松道派詩，曰：「紫雲繞九龍，萬世振玄風。真一無上道，飛身遙帝宮」。青松道派詩說明了青松觀其實是建立在呂祖信仰和扶乩活動的基礎上，亦證明了香港道觀與呂祖道壇傳統有歷史淵源，而青松觀所具有的一般呂祖道壇宗教活動之特徵也昭然可見。

這種扶乩道壇至今仍然為傳播道教信仰發揮重要作用，它能夠凝聚社會上各行業、各階層的人士，包括知識分子和商人，集合各方的力量。其生命力旺盛，如今大部分香港道教團體均屬於扶乩道壇，它們對香港社會，特別在社會福利、勸善揚道方面承擔著重要的道義職責。因此，要了解道教在中國近代的發展形態，我們必須了解這種以非神職人員（道士），即皈依的善信弟子為中心所組成的道壇。

今天，扶乩活動常被誤解為低層次的民間宗教活動，其實不然。自明清至民國初年，眾多精英分子、政府官員、士大夫及文人組成的道教乩壇，成為幾百年來保存和推廣道教文化的重要力量。這些扶乩道壇與精英分子的結合，說明道教於道士、道觀之外形成了一種新的文人道教傳統。知識分子推動道教的心性修煉信仰，建立道壇、組織乩壇，並編修、刊刻道教經典。許多清代新道教經典的面世與刊行，都是由道教乩壇的文人所成就的。關於這個話題，我們將在第四章詳細闡述。

五、性命修煉（內丹）

在道教的觀念中，人體被賦予了舉足輕重的地位。身體既是生命運動的載體，也是我們跟天地宇宙、大自然連接的唯一途徑。所謂「天人一理」，道教常常把人體比做宇宙，以至於形成「小宇宙」、「大宇宙」的典型說法。人們可以透過內丹修煉（即性命修煉）來達至生命的圓滿和超越，即是所謂從後天的狀態復返先天的本性。所謂「內丹」也就是人體之內的「金丹」，它是與「外丹」相對而言的。

如果說外丹是採取地中的礦物石煉製而成的一種外在藥物，那麼「內丹」則是從人體自身尋找基本的原材料，稱為「精、氣、神」，通過特殊的修和煉的程序操作而得到的一種稱之謂「結胎」的內在藥物。道門把人體的精、氣、神視作內在的原材料，力圖通過此等原材料的培育和煉化，形成對人體有利的「大藥」。著名的《高上玉皇心印妙經》開首一句便稱：「上藥三品，神與氣精。」由此引申開來，形成了修煉內丹的方法和理論。

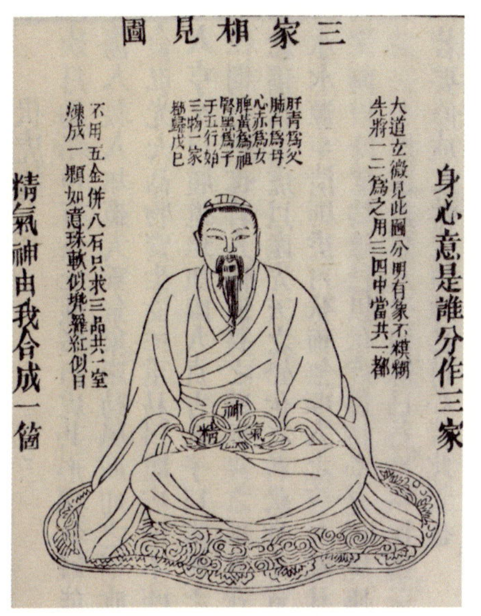

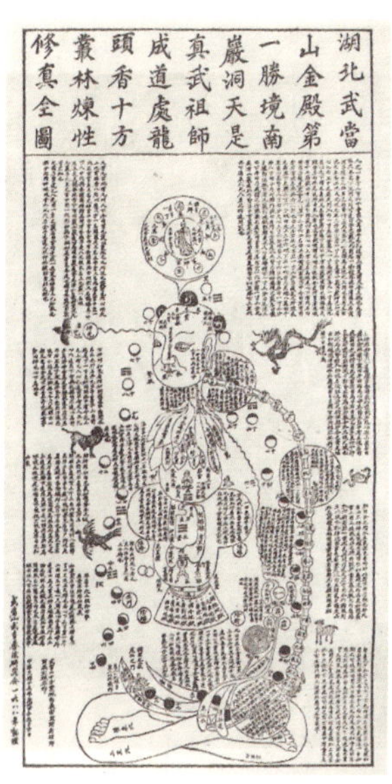

▲ 三家相見圖（《性命圭旨》）

▲ 修真圖（湖北武當山藏）

內丹術注重人的精神調理與呼吸方法的運用，力求心靜神清、氣血流暢和身心健康。古人以修煉精、氣、神為性命修煉之本，故而「內丹學」被當作「性命之學」。

倘論「內丹」這一術語於中國歷史文獻中的最早出處，其史跡源流於學界依舊存有爭議：或可追溯至隋代道士青霞子蘇元朗受外丹道啟發，尋求內丹修煉的事跡。如今確有道經典籍表明，自唐代而來，諸如葉法善、羅公遠、劉知古、施肩吾、吳均等高道便開始對道教的內修理論與傳統進行闡發，也正是在這一歷史時期，內丹道術從六朝以來諸如存思、導引、房中、行炁等傳統的內修方術中脫胎而出，道教的修煉傳統亦逐漸從服餌草木金石的外丹道，轉向至關注於人身性命修煉的內丹道。到了十世紀中葉，內丹修煉之術就出現了最早的道教人體圖，由此開創了道教人體內丹圖的先河。這些圖中都夾雜著注文和簡略的圖式，尤為重要的一點是，這些人體圖在程式上都表現出一種世界有機論和內觀化的視角，即事物的秩序、隱性的內在結構以及演變的進程。道教人體圖中所展示的人體，都具有一種內外相通和物我相忘的特徵，它構成了內丹修煉、煉化過程中的有機組成部分，同時也是生命運動的必須載體。

內丹術中有一題為《修真圖》的人體修煉圖，備受道教內外注目。《修真圖》有多種版本，常見的有北京道教協會白雲觀存的拓片，廣州三元宮亦曾保存著一件年代為一八一二年的碑刻《修真圖》。《修真圖》中所描寫的以及通過象徵形式表現的內丹修煉方法，都屬於明清時代的內丹體系。它通過一種詩性的語言描述並再現了不同對立元素如陰陽、水火在人內部的交匯過程，以及精、氣、神與五行等基本元素在人體內的煉化過程。《修真圖》就像是一道「人體符籙」，人們透過對圖像的參悟來看到自己身體的「真形」，並了解自身和天地宇宙的構造和運行，以達至「煉精化氣」、「煉氣化神」、「煉神還虛」的真性圓融境界。

在道教眾多內丹經典中，以《鍾呂傳道集》（下簡稱《傳道集》）最具代表，影響最深。《傳道集》成書於兩宋之際，作為一部研究唐宋以來道教內丹思想的重要典籍，其內丹思想不僅繼承了唐宋以降的行氣道書，亦被後來金元時期的全真教所吸收。《傳道集》以記述鍾離權（鍾祖）、呂洞賓（呂祖）師徒二人丹道問答與授受為題材，將理論化的丹道話語鋪陳敘說，對內丹修煉的相關術語、方法、階次等進行了系統的詮釋。《傳道集》強調修道者當以「脫質升仙，煉就純陽」為內修目標，並嚴格界定了五等修仙次第，即鬼仙、人仙、地仙、神仙、天仙。此外，《傳道集》以丹道融貫天道，將人身內在臟器的修煉，同外在天地的四時輪轉相對應，兼運用陰陽五行、周易卦候闡發內丹修煉之理。《傳道集》提倡修道者求道應取法天地，以求道成，並對於所謂「小法旁門」諸如採氣、漱咽等進行批判。《道藏通考》將《傳道集》與《秘傳正陽真人靈寶畢法》、《修真太極混元圖》、《西山群仙會真記》、《金碧五相類參同契》等丹經同歸為鍾呂一脈的丹道傳統。

迄至晚近，內丹道的發展同樣為世人所矚目。譬如於一九八三年始刊的《內外修篇》，便是一部由香港道壇弟子扶鸞而來的內丹道經。《內外修篇》最初分別由呂祖先師與太上道祖於一九五三年香港圓玄學院降示，為同門道侶詳說內外交修之法，當時接鸞的鸞生為謝顯通道長（1911-1989），迨《內外修篇》初本始刊，共收入《外修篇》十八章、《內修篇》十五章；一九六五年，謝顯通道長得呂祖降示，創立玉清別館，自一九六七至一九七八年間，呂祖先師與太上道祖再為玉清別館降示新章，及至一九八三年玉清別館刊印是經，即成《外修篇》二十一章，《內修篇》二十章，至此《內外修篇》始臻完備。《內外修篇》提倡修道者性命雙修，其中《外修篇》由呂祖先師降授，以闡發「道分陰陽，人本性命」之旨，並對善惡因果、先天後天、陰陽造化、養性保命、覺悟智慧等外修概念一一闡明。《內修篇》則由太上道祖所降示，以闡發內丹修煉中煉精化氣、煉氣養神的三品修煉進路，詳細解釋了人身之陰陽二氣的消長循環之理與丹田玄牝之煉化。《內外修篇》作為一部近代由道教鸞壇弟子通過扶乩所演之丹經，深入淺出地為修道者揭示了修煉內丹的法門，這對當下的道門弟子了解、認識與學習修煉內丹多有裨益。

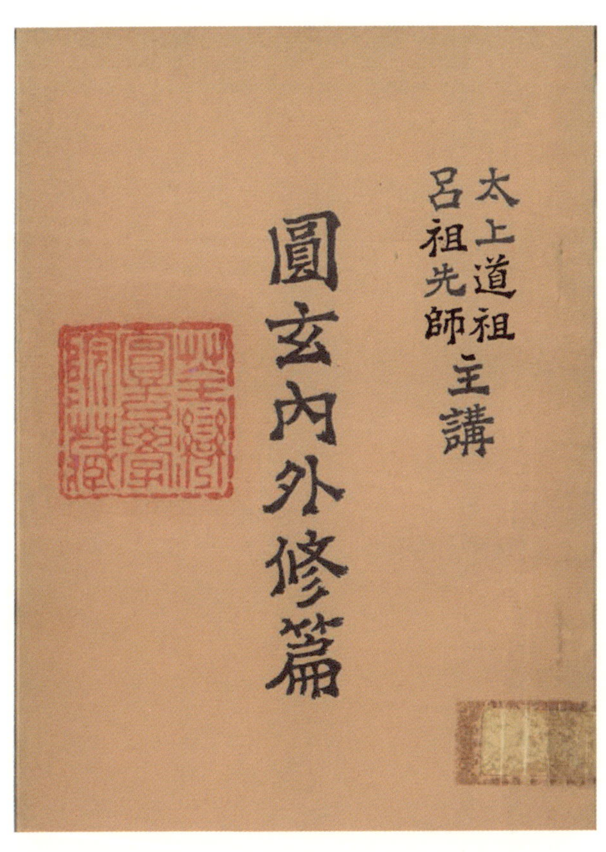

▲ 1953年呂祖先師與太上道祖於香港圓玄學院降示《內外修篇》

六、道教神祇

道教的神祇體系是龐大複雜而又有嚴密層次位階之分的。道教很多經典中都收錄了「神譜」。「譜」字的意思，是按照事物的類別或系統而編成的表格、書籍。「神譜」即是按照神祇的類別或系統而編成的表格或書籍。如由南北朝陶弘景（456-536）編撰、後經唐閭丘方遠校定的《洞玄靈寶真靈位業圖》就是最早較為系統的道教神譜。書中載有近七百名神靈真仙名號，按等級排列為七階，每一階層有一主神列居中位，其餘諸神則依次分列左位、右位、散仙位和女仙位，由此構成從天上至地下、等級有序、統屬分明的龐大道教神仙譜系。

道教神仙譜系的發展經歷了一個相當長的醞釀、發展和定型的過程。神仙系統以先天尊神為首，大致定型於唐宋時期。所謂先天尊神，指各類大道、道炁所化的自然之神，其中主要的是三清、玉皇、四御、五方五老、西王母和三官、青華帝君等。在道教的理解中，從宇宙本源的角度來說，炁（氣）與道是相通的概念，先天屬性的神明的本質與對道的理解和信仰是一致的。

道教最高的神靈是由先天道炁衍化而來的「三清尊神」。三清，指玉清、上清、太清。在宇宙論中，指三重仙境，在三十六天中居於大羅天之下，三十二天之上。在神靈譜系中，則指分別居於三清仙境的三位尊神，即玉清元始天尊、上清靈寶天尊、太清道德天尊（又稱太上老君）。

元始天尊，生於太無之先，秉自然之氣，「元」就是根本的意思，「始」則是最初的意思，先天之炁先是炁化為開闢世界的盤古，又化為主持天界的始祖，就是元始。元始天尊的形象多為手捻一顆黍珠，該珠稱為混元珠。靈寶天尊，是玉晨的精氣，九慶的紫煙，結為秀麗的果實，將元神包裹在其中。元神在母氏中懷胎，孕育成人的形象。道教宮觀的三清殿中，靈寶天尊常以手捧如意的形象居元始天尊之左側位。道德天尊，《雲笈七籤》云：老子就是老君，他是道的化身，也是元氣之祖宗，天地之根本。又稱：老君就是元氣道真，造化自然的產物。道教宮觀中的三清殿，都有太上老君的神像或神位。其神像常作一白鬢、白髮老翁，手執太極扇，居元始天尊之右側位，象徵天地已成，萬物化生。

除三清神之外，東王公為始陽之氣，西王母為始陰之氣，五帝為五方之氣結成，三官則為天、地、水三元之氣所化。

▲ 三清尊神（明代《御製全真群仙集》）

道教神仙系統最吸引人的地方，在於人能修道成仙，逍遙自在，長生不死，超脫劫難。所以在道教的神仙譜系中，後天得道的仙真是最有活力的一個群體。他們顯隱無常，其成仙故事都發生在世人身邊，成道者又可以不斷補充其隊伍，當中比較重要的有四大天師（即張道陵、葛玄、許遜、薩守堅）和八仙（即張果老、李鐵拐、鍾離權、呂洞賓、藍采和、曹國舅、韓湘子以及何仙姑）。在八仙這個仙真群體中，鍾離權與呂洞賓的地位更為突出，被元代全真教尊為帝君。

神仙地位及封號會經常發生變化。這種變化的原因大約有兩種：一是「國封」（或稱「朝封」）。不少道教神仙都曾得到朝廷封贈名銜，朝廷祀典的變化，使其地位有所提升。例如元代全真教大行其道，至元六年（1269），元武宗賜號全真教教祖呂洞賓（呂祖）為「純陽演正警化呂真君」，至大三年（1310），呂洞賓又被晉封為「純陽演正警化孚佑帝君」。又如北宋政和二年（1112），徽宗敕封淨明道祖師許遜為「神功妙濟許真君」。二是「道封」。道教內部對不同神靈的封銜與位業的釐正，多見於道教經典內的陳述。例如康熙四十一年至四十三年（1702-1704）間，呂祖在湖北江夏縣城內涵三宮降鸞闡演的《清微三品經》就稱，北極紫微大帝奉元始天尊之命頒賜晉升呂祖至玉清天，證位「玉清真宰」的仙階（另有稱為「玉清內相」）。

▲ 斗姆元君

此外，社會生活變化亦會影響到民眾對神明信仰的選擇，某些神明的職司的重要性呈現出由輕向重的趨勢，亦或者相反。比如梓潼帝君，宋以來為管轄人間爵祿之神，元代與文昌神合一，封為帝君，但近代以來，因科舉制度被廢除，文昌信仰已不如明清時期般流行。又如財神，在明代因應商貿經濟活動的蓬勃發展而顯赫。又如關帝，原為道教護法神，明代以後由道士倡議，朝廷封贈其為帝君。到清代，關帝屢被加封，列入國家祀典，備受崇祀：順治九年（1652），關羽受清廷敕封為「忠義神武關聖大帝」；乾隆十三年（1748），被加封為「忠義神武靈佑關聖大帝」；嘉慶十九年（1814），敕封為「忠義神武靈佑仁勇關聖大帝」；道光九年（1829），敕封「忠義神武靈佑仁勇威顯關聖大帝」。

道教神仙與民間俗神是兩個不同的系統。這兩個系統交涉互融，但並不完全同化。民間的俗神帶有強烈的地方性質，雜而無序。而道教基於對「道」的信仰原則，對民間地方神靈有所吸納，亦有所不收。在廣義角度上，城隍、土地、門神、竈君、鍾馗等等，本來源於民間，後來才被吸納進道教神仙譜系。道教對民間俗神的吸收，理論上仍然是依據「位業」。道教後天成神理論承認一切有形質之物，凡能重道積德，皆有修道成仙的可能。

七、《道藏》

《道藏》是匯集所有道教經典書籍，並分類編纂的總集。道教認為道經乃出於道氣，經典出，教得以興盛。南宋道士金允中《上清靈寶大法》總結道：太上無極大道是萬氣的始祖，是萬般變化的源泉。天地之間的各種象形，各種事物都逃脫不了大道。經文是解釋道的文本，師是道的臣子，都是出於道的。……雖然萬般變化都是出於道，但太上三尊，可以稱為道的宗主。當太上三尊建立教化的時候，龍漢劫出書號「洞真部」，赤明劫出書號「洞玄部」，上皇劫出書號「洞神部」，各十二部，合成三十六部經典。經文出現則道教興盛，經文的教化必須經過道師的傳授。

起初，佛教與道教的關係相當密切，因為佛教在中國的傳播發展，必須借助中國的傳統信仰而實行教化，同時佛教也需要在本來已經多元化的文化中突顯自己，訂立一些更明確和清楚的教義。於是從西晉以來，新翻譯的佛經大量問世，信奉者也與日俱增。佛教在宗教領域的競爭，亦促使了很多新道經面世，接着出現了佛、道之間激烈的真與假的爭論。因此，劉宋明帝請高道陸修靜為他編纂了一部可以在宮廷參考和收藏的道教典籍叢書，稱為《三洞經書》。陸修靜於四七一年進上的《三洞經書》，成為中國歷史上第一部《道藏經》。這樣，道教經典就有了官方的標準和定義。

唐、宋、元、明各朝，編修道藏經均是國家大事。在朝廷的推動和支持下，集合有名的道士收集由各地提供的道經，編撰為《道藏》。歷代《道藏》均由當時的皇帝敕製，是一種關於道教經典的新標準。施舟人教授說：「《道藏》是皇帝御敕下編纂的一種道教典籍叢書。」因此，道教在中國宗教和文化中一直享有崇高地位。最晚一部由國家主持修撰的道藏經是明英宗正統年間，由四十三代天師張宇初主編的《正統道藏》（或稱《大明道藏經》）。這套明《道藏》包含道經約一千四百二十種。明萬曆三十五年（1607），又續收了《正統道藏》以外的五十多種道經編成《續道藏》。明代刊印的《道藏》是迄今為止唯一流傳下來的《道藏》。除此之外，明末及整個清代再沒出現由國家推動編集的道藏經，從中可見道教在中央政權中的地位逐步下降，幾乎導致所有《道藏》刊本失傳。

民國初年，已經不存在一套完整的《大明道藏經》（據知，目前國內外現存二十四套明版《道藏》），甚至連北京白雲觀保存的正統十二年（1447）由明英宗頒賜的《道藏》也丟失了幾冊。幸而一九二六年，商務印書館涵芬樓把各地保存下來的幾套不完整的《道藏》合輯成了一套完整的版本。近代以來，有志於續補明代《道藏》者不乏其人，較重要的

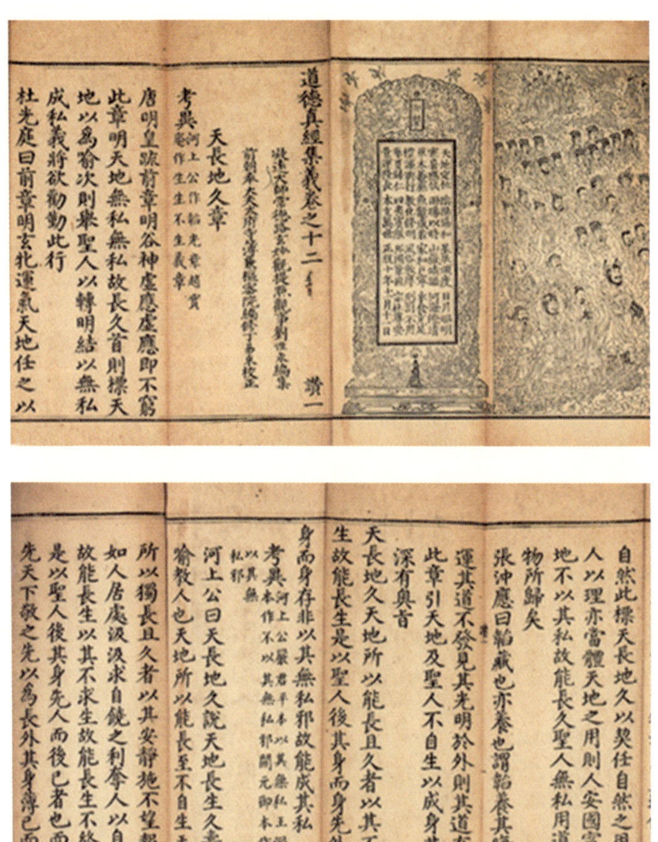

道德真經集義卷之十二　讚一

天長地久章

考異　河上公作韜光章　趙實菴作生生不生義章

唐明皇疏前章明谷神虛應虛應即不窮此章明天地無私無私故長久首則標天地以爲喻次則舉聖人以轉明結以無私成私義將欲勸勤此行

杜光庭曰前章明玄牝運氣天地任之以自然此標天長地久以契任自然之用聖人以理亦當體天地之用則人安國寧天地不以其私故能長久聖人無私用道萬物所歸矣

張沖應曰韜藏也亦養也謂韜養其歸然運其道不發見其光明於外則其道有成

此章引天地及聖人不自生以成身其說深有與旨

天長地久天地所以能長且久者以其不自生故能長生是以聖人後其身而身先外其身而身存非以其無私邪故能成其私

考異　河上公嚴君平本以其無私　王弼古本作不以其無私邪　開元御本作非以其無私邪

河上公曰天長地久說天地長生久壽以喻教人也天地所以能長且不自生天地所以獨長且久者以其安靜施不望報不如人居處汲汲求自饒之利奪人以自與故能長生以其不求生故能長生不終也是以聖人後其身先人而後已者也而身先天下敬之先以爲長外其身薄己而後

▲ 明萬曆《道藏》書影（北京白雲觀藏）

有民國時期出版的《道藏精華錄》，一九五〇至七〇年代出版的《道藏精華》，一九九〇年後出版的《藏外道書》、《中華續道藏》、《敦煌道藏》、《道書集成》，以及二〇〇四年，由中國道教協會主持編纂的《中華道藏》。

雖然明末清初國家層面不再編撰道藏，然而在民間，地方文人精英和官員組成的新道教信仰團體以扶乩道壇的形式，承擔了清代新道教經典的編輯和刊刻工作。嘉慶年間（1796-1820），北京一所信奉呂祖的道教乩壇——覺源壇，其弟子大部分是中央或地方官員，領導乩壇的核心人物蔣予蒲（1756-1819）於乾隆四十六年（1781）考取進士，並獲翰林院庶吉士頭銜，翌年被任命為《四庫全書》繕書處分校官。嘉慶二十年（1815），蔣予蒲官至內閣學士兼倉場侍郎。另一位覺源壇著名弟子是內閣大學士朱珪（1731-1805），亦為編修《四庫全書》的重要人物。事實上，其他編修《四庫全書》的部分官員同樣是覺源壇的弟子。由此可見，覺源壇是清代乾隆至嘉慶年間由京城高官及知識分子組成的道教乩壇。他們提倡儒、釋、道三教同源歸一，並推動道教內丹修煉和呂祖扶乩信仰。

這批覺源壇的文人弟子更於嘉慶十年至二十年間（1805-1815）編輯了清代唯一一部道藏經，即《道藏輯要》。覺源壇等文人道教團體編彙、出版《呂祖全書》、《道藏輯要》等

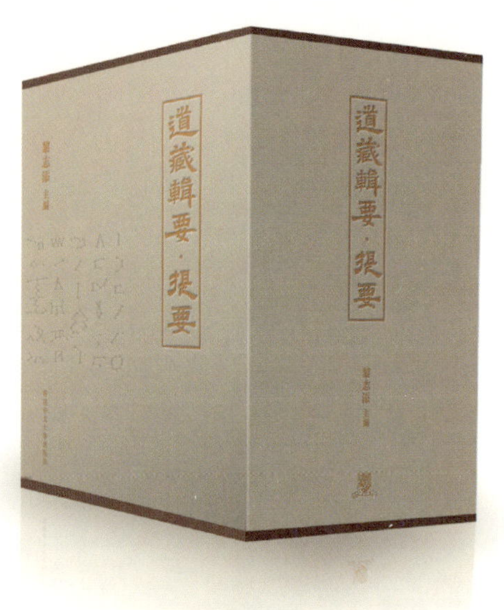

▲《道藏輯要·提要》

（2021）

道經叢書，清晰地顯示了乩壇文人在道經編撰方面的熱忱。《道藏輯要》全書以天人合一、性命雙修和三教同源為標準，選輯正、續《道藏》中的道經，以及在明清兩代新出的呂祖道書，舉凡重要經典、祖師著作、科儀戒律、碑傳譜記、語錄文集、眾術方法，悉有收錄，並按二十八宿，分編為二十八集。

第二章

「道」與道派

還金液萬年

第一節　道是甚麼？

道教以「道」立教，欲了解道教，首先就要了解何為「道」。「道」的思想一直是中國傳統文化深層結構的重要組成部分。然而，所謂「道不可言，言而非也」（《莊子．知北遊》），所以「道」在道教思想中本來就沒有甚麼絕對的定義，更沒有甚麼固定的教義。從哲學的角度來看，「道」是一個內在（immanent）的原則，同時又是一個超越（transcendent）的原則。《道德經》指出，道存在於宇宙之中，是萬物運行的根本，並云：「有物混成，先天地生。寂兮寥兮，獨立而不改，周行而不殆，可以為天下母。吾不知其名，強字之曰『道』，強為之名曰『大』。」（第二十五章）意思就是道不可說，不可名，因此「道可道，非常道，名可名，非常名」（第一章），並且道是「無狀」、「無形」，因此說：「視之不見」，「聽之不聞」，「搏之不得」，「迎之不見其首，隨之不見其後。」（第十四章）公元三世紀時，天師道的《大道家令戒》也說：「大道者……無形無像，混混沌沌，自然生，百千萬種，非人所能名。」道教強調的這個宇宙終極之始——「道」，不是建立在一個不變的實體概念之上。

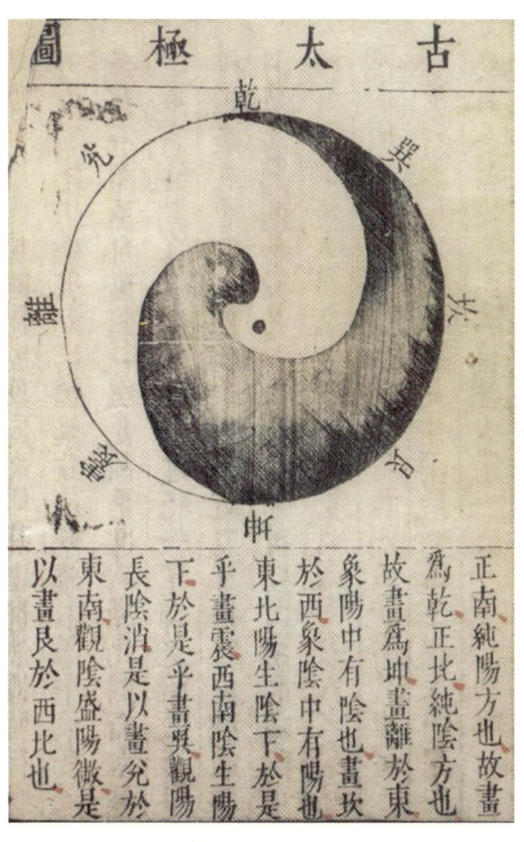

古太極圖

正南純陽方也故畫爲乾正北純陰方也故畫爲坤畫離於東象陽中有陰也畫坎於西象陰中有陽也東北陽生陰下於是乎畫震西南陰生陽下於是乎畫巽觀陽長陰消是以畫兌於東南觀陰盛陽微是以畫艮於西北也

▲ 古太極圖

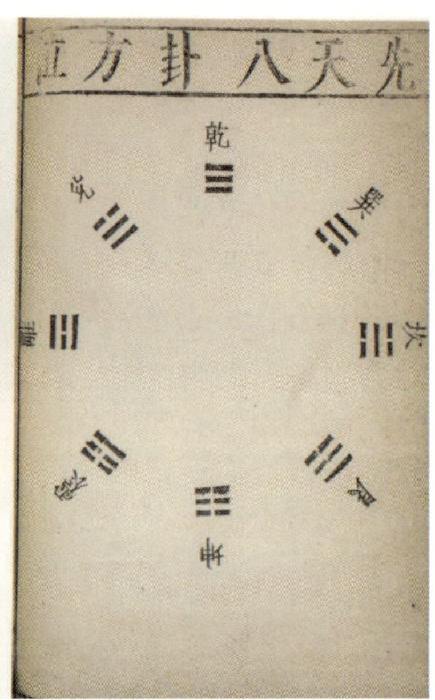

▲ 先天八卦與後天八卦圖（截圖）

一、「道」、「道氣」與宇宙萬物的生成關係

一方面，道教信奉「道」是自本自根，先天地生，為天地母。但另一方面，道卻是無形無像，不可道，不可名。《太上老君說常清靜妙經》云：大道沒有形狀，卻養育了天地；大道沒有情感，卻使日月運行；大道沒有名稱，卻長久地滋養著萬物。我不知曉道的名稱，只能勉強將其命名為「道」。雖然道是無名，出於無，是混混沌沌，但是，「道生一，一生二，二生三，三生萬物。萬物負陰而抱陽，沖氣以為和。」（《道德經》第四十二章）這即是說：陰陽相交之氣，即是道之氣。《老子想爾注》曰：「道氣常上下，經營天地內外。」《三天內解經》把運行於天地內外的道氣分別為「玄」、「元」、「始」三氣。

道，由原來清濁、沒有分離、混沌的狀態，即好像雞蛋中蛋黃的狀態，進而分散，以玄氣為天、始氣為地、元氣為人。《大道家令戒》亦言：「三氣之中，（道）制上下，為萬物父母，故為至尊至神。自天地以下，無不受此氣而生者也。」根據道的思想，天、地、人皆由道氣而生。萬物生成乃是建立在「道」的本源之上。有了道，才生成宇宙。道通過元氣演化而構成天地、四時、萬物等。

「道炁」也稱為「先天氣」、「祖炁」，隋唐以前，「炁」、「氣」通用，但在後世的內丹學中，二者則逐漸被區分，用「炁」表示先天，「氣」表示後天（為統一起見，下文統稱「道氣」）。道氣是萬物的本源。道教認為人生來具有先天的道氣，後天的成長使道氣離散。但是通過後天的修煉，道教相信人可以使先天道氣返還，從而得以長生。煉精化氣，煉氣化神，煉神還虛等內丹修煉的不同階段都在反映這種返還先天道氣的過程。

所謂「道教」，簡單地說就是建立在道的本意之上而推行的教化。不過，上古以來，以道立教，推行教化，移風易俗，陶鑄民彝，都離不開《周易》所說「聖人以神道設教，而天下服矣」的基本思想。這種以鬼神之道設教的提法與現代西方有神論的「宗教」意思相近。中國宗教的基本內涵始終不離祭祀鬼神與拜天敬祖。《禮記·中庸》記載孔子的說法：鬼神的德行可真是大得很啊！看它也看不見，聽它也聽不到，但它卻體現在萬物之中而使人無法離開，也讓天下的人都齋戒淨心，穿著莊重整齊的服裝去祭祀。它無所不在啊！好像就在你的頭上，亦好像就在你左右。《春秋繁露·祭義篇》也認為：「祭者，察也。以善逮鬼神之謂也。」「知天命鬼神，然後明祭之意。」對道教來說，敬事鬼神之道又與以道立教的宗旨並無扞格不入之處。

東漢末（公元二世紀），巴蜀漢中地區出現以信奉天師張（道）陵為創教主的五斗米道（又稱天師道），被史家稱為「以鬼道教民」，意思其實是說五斗米道「以善道化民」。五斗米道的主要宗教信條，是要求道民到所屬之治（相當於天師道的教區），向天師道士繳納五斗米（稱為「天租米」）。《三天內解經》解釋「五斗米」的宗教本義云：五斗米正是用來供奉五帝的，體現了民眾希望奉道的決心。聖人與氣相合，沒有開始與終結，因此聖人永生不死。但世人的命則與米相連，沒有米穀，則會餓死。所以道民以其所珍視的糧米，奉獻給神明，並非說神明真的需要這些米。根據這一種五斗米道的「命米」信念（米與命相連），道民供奉五帝或太上老君的目的在於與道氣合。實在而言，道教的宗教理想和內涵核心乃在奉道者與無名無狀的道及由道氣所生的天地萬物相結合。

道與道教的關係是：道教相信上天的天真、神明都是代表道氣之凝聚，亦即《老子想爾注》所云：「一（道）散形為氣，聚形為太上老君」。大道因應世人所感、所求，而衍化成各種職能的神明。正如《赤松子章曆》明言天界上的官將吏兵等，都是道家三氣（玄、元、始）感應所生，並非天地所生的人神格化而成，而是由世人的精心誠意感化而生，所以道產生氣，由氣生成擔任不同職能的天官吏兵，目的是為解決人世間各種苦痛禍患。

據此神學理解，道教認為，道士在章奏上天神明護佑的齋醮科儀中所請的天官將吏，亦只是由道氣變化生成。因此，無論是太清玄元無上三天無極大道、太上老君、太上丈人、天帝君、九老仙都君、九氣丈人、千二百官君，凡諸天神明，皆是由那深不可測的「道」化生出來的道氣，應事感化所生。明白這種建立在道和道氣之上的神學理念，我們便毋須將道家的道和道教的道分離出來，反之，更應深刻體會到，道的超越本質與修煉和齋醮實踐中的道教是匯通相合的。

二、道與個人、社會和自然的關係：生生不息之道

道教信仰對生命是十分肯定和尊重的。所謂命者，氣也。人稟氣受命，氣竭則命終，人得道氣入身而生，道氣離形而死。東漢《太平經》甚至頌揚「貪生」的價值追求，說：「天者，大貪壽，常生也，仙人亦貪壽，亦貪生。」《老子想爾注》更用「生」代替「人」，而與道、天、地並列為「域中四大」，認為「生」是道在天地間的具體顯現。《三天內解經》用「死王不及生鼠」的比喻正是作為道教教義——「尊道貴生」

思想的力證之一。道與個人、社會和自然界生命的密切關係，可以概括成以下六點：

1. 好生不傷

在道教看來，「生」是直接指明在天地、萬物與人當中有年壽長短的生命體。人們因生而得壽，壽為天地間最善的價值。《太平經》謂：由於道是主導生長的，因此，若道是興盛的，則萬物都得以生長；德是主導生養的，因此，若德是興盛的，萬物和民眾都得到生養，沒有抱怨。太平，是沒有損傷任何事物的意思。凡是沒有任何傷病的，所有人都得到其所稟受的位置而自然生長，這樣就被稱為「平」，如果有一個事物的本性遭受折損，這就是「不平」。「道」和「德」的原則就是要生養萬物，而道教所謂「太平」的理想，就是要使萬物得到適切的生養，並能合理保存，不受傷害。

2. 太平與不傷——財富平均原則

在解釋社會資源分配方面，《太平經》定義「富」與「貧」不是以財富的多寡和差距為標準。同時，當它談及社會「平均」的理想，亦不是從財富資源的平均再分配而言。《太平經》以為「富」是「凡物悉生出」，而「貧」則是「萬物不能備足」；即是說，富與貧的標準是以自然界的生命興旺與延續發展為標準。

按此道教生生的原則，富與貧的差別是從萬物本身能否獲得「生」與「養」的基本權利而產生。按照萬物生與養的權利標準，《太平經》進一步定義「平均」，即是說「平」的意義是可以「均平」、「太平」，如果所有事物都可以得到生養，則不再有「不平」；反之，「不平」就是有所損傷。

從上述「不傷而為平」的標準而言，《太平經》主張民眾獲得經濟生產上的平均，指他們能得到自食其力的權利與機會，即是說上天創生人類，幸而使得人人都有氣力，得以養育自身。因此，若有人不肯盡力實踐自食其力的本分，而使自己陷入飢寒，這是一種罪。但是，若有積財者見民盡其筋力亦不能得衣食，卻依然不肯「周窮救急」，以致窮困者飢寒不能得生，就是另一種罪，因為破壞了「天乃樂人生，地樂人養」的平均原則。

《太平經》的財富平均原則，乃是要求凡物都能得到生與養的權利。在此原則下，積財者本身的財富不屬倫理上的惡，但是若他們積財億萬卻不肯救窮周急或使人飢寒而死，《太平經》便認為這是罪。

3. 尊道貴生、貴己養生

道教「貴己養生」的生命價值觀包含一種獨立的批判精神，要求人不喪己於物、失性於俗的思想。由於道教相信生命源自於道，人與天地自然本是渾然一體，和諧一致的。但對現實中處身於世俗文明社會的人類，卻由形（體）到心（靈）都可悲地被異化、被扭曲，喪己於物，失性於俗。因此，道教「尊道貴生」的意思，就是要求人的生命復歸於道的自然、無為本性，達到恬淡無欲、清靜淳樸的生命超越狀態。

道教「貴己養生」這一價值觀確立在求道學仙的目標上。因此早期天師道的《正一法文天師教戒科經》稱：天師設立教化，施行戒律，奉行道法，明確道訣，德行最高的人可以成為神仙，德行中等的人可以增添壽命，德行普通的人可以增長年歲，不會暴卒。同樣，《三天內解經》說：「真道好生而惡殺。長生者，道也。死壞者，非道也。」我們需善待己身，自養而方能養人，自愛而方能愛人。更重要的是，最終的修道目標是在與天地齊壽的基礎上，與道相合。雖然修道的過程是從身體的修煉開始，然而並不止於身體的修煉，因為道教「貴己養生」的思想不僅沒有偏向及局限於純粹個人生死禍福的層面，而是在整個「貴己養生」的終極關懷下，進一步提出養人、愛物的自然倫理思想。

4. 道法自然

道教一方面把貴己養生的原則推展到社會層面，建立「救窮周急」的社會倫理要求。另一方面，由於道教「人法地，地法天，天法道，道法自然」的思維模式，貴己養生的價值觀亦從道乃好生不傷的終極原則出發，展現於人世間，而又復歸於確立其獨特的自然宇宙觀。「天地與我並生，萬物與我為一」的思想就是體現自然與人之間、宇宙大生命與個體小生命之間同構與互動的和諧關係。

5. 以重生思想為基礎的社會倫理

不僅如此，從自然與人相通的自然關係再出發，貴己養生的道教原則又同時賦予人類一種獨特的生態倫理責任去保護和維持天地萬物的和諧，使其不遭受任意破壞。

早期道教戒律尤其明顯突出地要求學道者尊重和保護自然生態與環境。以《老君說一百八十戒》為例，當中有二十二條戒律，仔細地規範道民應尊重生命、善待萬物、與自然眾生相互不傷：

第四戒者：不得殺傷一切；
第十四戒者：不得燒野田山林；
第十八戒者：不得妄伐樹木；
第十九戒者：不得妄摘草花；
第三十六戒者：不得以毒藥投淵池及江海中；
第四十七戒者：不得妄鑿地、毀山川；
第四十九戒者：不得以足踢六畜；
第五十三戒者：不得竭水澤；
第七十九戒者：不得漁獵、傷殺眾生；

第九十七戒者：不得妄上樹探巢破卵；

第九十八戒者：不得籠罩鳥獸；

第一百戒者：不得以穢污之物投井中；

第一百一戒者：不得塞池井；

第一百十二戒者：不得將書字之物自投埋於廁前；

第一百十六戒者：不得便溺生草上及人所食之水；

第一百二十一戒者：不得妄輕入江河中浴；

第一百二十九戒者：不得妄鞭打六畜；

第一百三十二戒者：不得驚鳥獸；

第一百三十四戒者：不得妄開決陂湖；

第一百六十五戒者：天有災變、水旱不調，不得患厭；

第一百七十二戒者：若人為己殺鳥獸魚等，皆不得食；

第一百七十六戒者：能絕斷眾六生畜之內為第一，不然則犯戒。

上述所引二十二條道戒觸及有關維護人與自然之間和諧關係的範圍，可算是非常廣泛、仔細及生活化。原則上，道教認為人對自然界當中的生態環境及各類生物，如山、川、江、河、花、草、樹木、鳥、獸、魚蟲等都不能妄加傷損、伐毀、甚至殺害。這是因為在山川、淵池江海、井等處有神居住。況且，人在自然世界中也沒有特別權利可以妄因一己意願或群體需要，去控制、主宰其他生物。這種平等看待人與自然萬物的態度，源於道教「道法自然」的根本思想。

道教不同於儒家的地方，就是從局限於倫理綱常與道統的儒家「道」之中超越出來，而將「道」奉為萬物之母、天地之根，具有自然無為的特性。《太平經》就說：六極之中，如果沒有道就不能產生變化；由氣帶動道，以使萬物得以生長，天地間大小事物，都是因為道而產生的。既然天地萬物都是由道而生，人與萬物在道的自然變化中，就不存在等級、優劣、貴賤的分別。

6. 「貴己養生」的宗教理想精神

「貴己養生」的宗教理想精神，不單包含一種能夠超脫世俗現實社會與權威價值觀的批判態度，並且兼含一種與天地並生、與自然渾和的超越精神。在道教看來，萬物生命不唯以人獨尊。反之，基於「道生萬物」的觀念，道教認為人與萬物的生命都是處於平等的地位。萬物生命更為一相互依存的同構體，人與萬物都在一個共同的自然天地之中相互連接、相互協同，求各自的本性能自由地自然發展。從這生於道、同於道的宗教意識出發，人與萬物自然就沒有主、客之分，彼此都置身於道的自然世界之中。在尊道貴生的宗教精神下，人更能超越一己褊狹和專斷唯我的心態，抱著廣闊、開放、寬容的心境，把自己放在自然天地間一個較為合理的位置，也是在這種息息相關與相互和諧的關係中，人更懂得去尊重、熱愛、善待與保護自然萬物的生命。

相反，當萬物不能獲得生與養的自然狀況，以致受到傷害，這就是一種客觀的標誌，說明天道傷，人間有災禍、積冤，萬物亦不復生長。按此，道教判決人與自然是否存在和諧的關係，就是：（一）結合對自然界客觀的觀察；（二）關懷生命生長的倫理哲學，從而建立道教「尊重生命、善待萬物」的自然倫理思想。本此精神，《太平經》說：一旦有事物不能生長，一種道路閉塞不通，一種事物未得滋養，一類德行未得修治，一種道德不能踐行，一種仁義不得施行，想要知道有沒有道德與仁義，看看周邊的事物就可以知道了。

在《太平經》看來，萬物能按其本性自然生長，處於各得其所的自然和諧狀態，終究不是實然的境況。天道之生，地德之養的自然本性常常受到打斷、擾亂和破壞。各種災害、戰爭、疾病、失收，以及苦難都是反映天地之間失去和合的自然狀況，萬物不能相生相養，太平之氣則不能來。

不僅這個意義，《太平經》指出自然災害、萬物生命受苦，更是代表道向人表達的「天地之談」，諳示人們因為他們的罪過行為，令天、地、萬物受苦、生病、受傷害，以及產生憤怒。換句話說，在道教的自然觀中，不單包含一種目的論的向度——萬物得以生與養的和諧狀態，還指向一種倫理行為後果的責任論，亦即因為人的破壞惡行，人要為天地不和、眾生萬物受苦痛、各種災難現於人間，而負擔責任、遭受責難。

我們看到，由於有「道生萬物」的基礎，道教將個人、社會、自然界的生命聯繫在一起，因而個人的幸福不僅僅局限於個人，同時也包括了個人與社會、個人與自然之間的和諧。以上六點即是道教「尊道貴生」的內涵。

第二節　老子與《道德經》

一、《道德經》

在這一節，我們談談如何理解老子、《道德經》與道教的關係。《道德經》又稱《道德真經》、《老子》、《五千文》。《老子》的版本很多，影響較大且具有代表性的有：

1. 郭店竹簡本：郭店戰國楚墓出土，分為甲乙丙三種，發現於一九九三年湖北省荊門市郭店，發表於一九九八年；
2. 帛書本：馬王堆漢墓出土，分為甲乙兩種，一九七三年發現於長沙馬王堆，帛書甲本抄寫年代在公元前二〇六年至公元前一九五年之間，乙本在公元前一七九年至公元前一六九年之間；
3. 通行本：魏晉王弼（226-249）本。

據《史記》記載，《道德經》作者為春秋時周守藏室之吏（掌管圖書的史官）「老子」。舊題西漢河上公，《老子章句》將其分為八十一章，前三十七章為「道經」，後四十四章為「德經」，故名《道德經》。東漢時，隨著黃老道學的產生，《道德經》演變為道教的經典，張陵、張魯的天師道即以《道德經》教誨道徒，並撰成《老子想爾注》，以天師道教義觀點注解《道德經》。

從魏晉至隋唐，歷代都有道士詮釋闡發《道德經》的義旨。唐代道士杜光庭（850-933）《道德真經廣聖義》統計的六十餘位詮釋者中，有多半為道士，他們有的闡釋修身之道，有的闡釋治國之道，有的以道德為宗，有的以非有非無為宗，有的以重玄為宗。由於唐代皇室的大力倡導，研究老莊思想在唐朝蔚然成風，湧現了許多道教學者，如孫思邈、成玄英、李榮、王玄覽、司馬承禎、吳筠、李荃、張萬福、施肩吾、杜光庭等，他們豐富並發展了道教的教理、教義和修煉方術等。特別以成玄英、李榮為代表的重玄學派，對當時和後世的重玄學理論發展產生了重大影響。宋代以後，道教對《道德經》的詮釋開始採用集註的形式，如彭耜的《道德真經集註》集宋代註者二十家。現存於世的《道德經》註解有多種被收入《正統道藏》。

▲ 老子遇尹喜於函谷關畫像

二、老子與太上老君

據司馬遷《史記·卷六十三·老子韓非列傳第三》介紹，老子是楚國苦縣厲鄉曲仁里人，姓李，名耳，字聃，任職周守藏室之史。孔子去周時，曾向老子請教禮。老子著《道德經》，他的學說以自隱無名為宗旨。居住於周日久，老子眼見周室的衰落，就離開周，到了關口，守令尹喜對老子說：先生將要隱居，請務必為我著書。於是老子寫成一部書，分為上下兩篇，論述道德的內涵，共約五千字，之後他便離開了，沒有人知道他的蹤跡。

在道教的信仰裡，老子是太上老君在人世間的一個化身。太上老君即道之身，由道氣而化，累世化身人間，度人無數，上三皇時為玄中法師，下三皇時為金闕帝君，伏羲氏時為鬱華子，神農時為九靈老子，祝融時為廣壽子，黃帝時為廣成子，顓頊時為赤精子，帝嚳時為祿圖子，堯時為務成子，舜時為尹壽子，夏禹時為真行子，殷湯時為錫則子，周文王時為文邑先生等等，世代作聖者之師。

五世紀中葉撰成的《三天內解經》卷上稱，授予張道陵「正一盟威之道」的太上老君自稱「新出老君」。經文說老君（老子）是在宇宙開始之時由玄氣、元氣、始氣三氣凝結而成，自玄妙玉女（又稱聖母元君，即老君之聖母）的左腋生出，此後老君創造了這個世界，接着擔任了中國歷代帝王的國師。後漢張道陵之時，為了幫助統治三天鬼神界而新出現在世上的「新出老君」，也是此老君。對於道教的信徒來說，老君（老子）從宇宙的初始就一直存在，是永遠不死的神格。作為神明的老君，被認為在後漢的張道陵時期，再次出現在地上世界，故稱「新出老君」。

三、國家化的老子祭祀與全國老君廟的建立

老子的神格化在唐朝（618-907）進一步發展，毫無疑問與李氏王朝尊崇道祖老子有直接的因果關係。隋末，老君與李弘作為救世者的角色為世稱道，讖語謂：「老君度世，李氏當王」。宋代《混元聖紀》卷八記載：大業十三年丁丑（617），老君降於終南山，對山人李淳風說：「唐公當受天命」，李淳風因此歸順了唐朝。唐朝李氏應讖為王，其王權乃借助道教老君之神權而得以確立。

唐王朝建立後，受唐皇室尊崇的老子屢次得到封號。高宗乾封元年（666）老子被追封為「太上玄元皇帝」，玄宗天寶二年（743）被封為「大聖祖玄元皇帝」，天寶八年（749）進而稱為「聖祖大道玄元皇帝」，天寶十三年（754）賜封為「大聖祖高上大道金闕玄元天皇大帝」。因為老子是道教的教祖，唐皇室給予道教極大的支持和庇護。據《大唐六典》卷四《祠部》「道教」條，玄宗開元年間（713-741），天下道觀的總數為一千六百八十七所，其中乾道（男道士）的道觀為一千一百三十七所，坤道（女道士，唐朝多稱為「女冠」）的道觀有五百五十所。當時，道教宮觀不僅遍佈全國，且規模日益宏大。

▲ 太上老君（明代《御製全真群仙集》）

唐初，高祖李淵和太宗李世民屢次明確宣佈道教位在佛教之上，例如貞觀十一年（637）唐太宗的〈道士女冠在僧尼之上詔〉。唐武德三年（620），唐高祖詔改羊角山為龍角山，並建老子廟；七年（624）親至終南山拜謁老子廟；乾封元年，高宗李治為老君建廟，並規定以《老子》為上經，指令王公以下皆習《老子》，貢舉人亦須兼通。高宗時期，各地興建了許多道觀，高宗並於永淳二年（683）下詔令天下諸州置道士觀，上州三所，中州二所，下州一所，每觀置道士七人，每年依道法齋醮。由於玄宗尊祀玄元皇帝，開元十年（722），玄宗更詔令天下諸州普遍建立玄元皇帝廟；開元十九年（731），令五嶽各置老君廟。玄宗以後，唐肅宗、代宗、憲宗、穆宗、武宗、宣宗等不少皇帝都繼續崇奉和扶植道教。

據杜光庭於中和四年（884）的記載，唐代自開國以來，「所造宮觀約一千九百餘所，度道士計一萬五千餘人，其親王貴主及公卿士庶，或捨宅捨莊為觀，並不在其數。」（《歷代崇道記》）其中，太清宮、太微宮、紫微宮等主要供奉老子的宮觀，規模可與皇家的殿堂相比擬。

第三節　道派之一：天師正一派

道教在民間社會歷史中第一種存在形態的主要代表，是正一派火居道士及兼具道士及法師功能的儀式專家。明太祖朱元璋曾總結「正一」和「全真」於中國社會的貢獻價值：「道有正一，有全真。全真務以修真養性，獨為自己而已。正一專以超脫，特為孝子慈親之設，益人倫，厚風俗，其功大矣哉。」（《大明玄教立成齋醮儀範》）

由此可以這樣歸納，「正一」和「全真」兩個道派為明代最具代表的道教傳統。借用施舟人的話說，兩個道派「非常完美地相互補充」。全真教通過其嚴格的戒律清規和對內丹道術的修習，保持和完善了道教中較高層次內丹修煉的神秘主義；而正一派則支撐地方社群的廟宇組織，並為地方民眾提供儀式專家及道教儀式活動服務。

正一派在東漢以來天師道長期發展的基礎上，逐漸以江西龍虎山為中心，並集合宋代以來的各符籙道派，組成了一個符籙大派。正一派的形成，是以元成宗敕封張道陵第三十八代孫張與材（1264-1316）為「正一教主」、主領三山符籙為標誌。

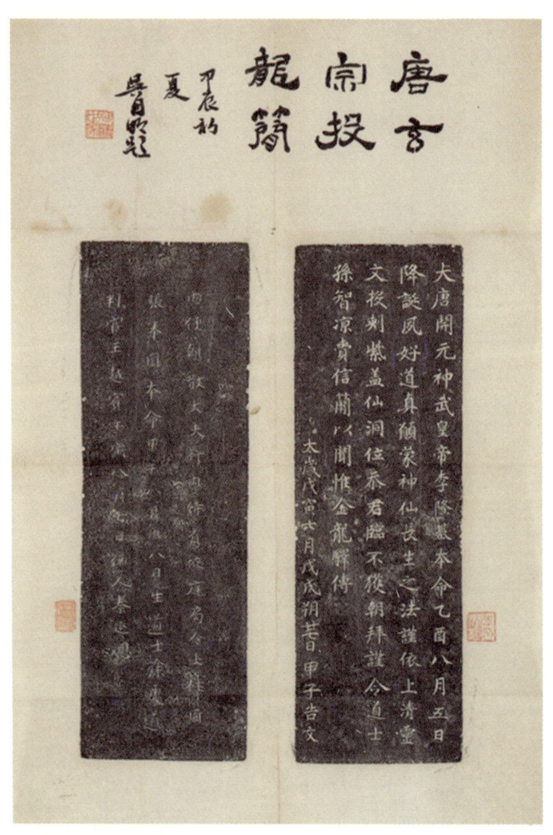

▲ 唐玄宗投龍簡（香港中文大學文物館藏）

▲ 香港正一派打齋儀式

▲ 上海正一派道士

▲ 天師府符圖（藏於德國馬爾堡大學博物館）

一般認為，正一派的特色有四點：第一、以張道陵後嗣為教主。自三十八代天師張與材任「正一教主」後，繼任的歷代天師皆世襲此職。隨著第六十三代天師張恩溥（1904-1969）在臺灣過世，目前正一教主之位已空置。第二、在組織上，由原有的各新舊符籙派組合而成，包括龍虎山正一宗、茅山上清宗、閤皂山靈寶宗、太一道、淨明道以及神霄、清微、東華、天心諸法派。第三、共同奉持道藏中的「正一經系」為主要經典，主要法術是畫符唸咒、祈禳齋醮，為人驅鬼降妖、祈福禳災。第四、正一派道士可以不住宮觀，娶妻生子，被民間稱為「火居道士」。

大多數正一派道士並非依賴宮觀生活，他們過著俗世婚娶的家庭生活，遇有喜慶嫁娶、喪葬、節日，或需禳鬼、治病，就應主人家之請，在道館裡或前往人家住處，穿上道袍，做各種功德法事，例如讚星、脫褐、禮斗、旺土、禳災、打齋、做旬七等。正一派道士在受籙，領取度牒之後，就可以為人家供應法事、奏章齋醮，獲取養活自己和家人生活的報酬。

自六朝天師道興起以來，道教形成了一套完整的授籙傳度制度。授籙的主要內容是傳授經籙。道經是道教信仰的基石，無「經」則無「教」。根據各自修持的不同程度，

「籙生」授籙過程中被授予相應的道經，以供抄寫和研習；同時也被授予不同的籙階，以便在做法事和修行中可以遣使籙中的兵將聽命於法壇。

正一派道士必須受籙，受正一法籙後，方可以上章拜表；也只有得受法籙，才能名登天曹，才有道位神職。有了道位的道士，其齋醮中的章詞才能奉達天庭，才能得到神明的佑護。籙有多種階品，如「太上三五正一盟威仙靈百五十將軍籙」、「太上三五正一盟威三元將軍籙」、「太上三五正一盟威九天兵符籙」等等。不同的籙品體現道士不同的修持和功力。

一、正一派的源流與東漢天師道的形成

東漢末，張天師在巴蜀漢中地區宣稱太上老君授張道陵「正一盟威之道」，創立制度化道教的教團、教制和儀軌。早期天師道已建立了一個具有階層結構的教區組織，即天師道「二十四治」的體系。《雲笈七籤》卷二十八〈二十四治並序〉：「謹按《張天師二十四治圖》云：『太上以漢安二年正月七日中時，下二十四治，上八治，中八治，下八治，應天二十四氣，合二十八宿，付天師張道陵，奉行布化。』」在公元

一八五年至二一五年這三十年間的巴蜀漢中地區，一直存在天師道的宗教統治。施舟人用拉丁文ecclesia（意思是指「教會」或「教區」）來描述天師「治」的組織性質。漢中天師道治既具宗教教團的特徵，又是天師張魯統治王國的政權組織。張魯通過天師道治將道民組織起來，納入宗教和政權合一的王國管理中。

漢中的天師道教團於建安二十年（215）初歸降曹操，遷移至北方鄴城及關中地區，天師道從此轉入一個新的歷史發展階段。此後整個中古時期，天師道教團早期創制的儀軌、章符、戒律與道經，就一直在中原及山東地區的世家大族、統治階層乃至州縣地區傳播和發展。例如東晉著名書法家王羲之（303-361）出身天師道世家，曾任右軍將軍、會稽內史，故後人稱之為王右軍。王羲之的小楷《黃庭經》流傳至今，有各種摹本、臨本和刻本。《黃庭經》乃魏晉之際流行的上清派經典，全書以道教思神守一，結合了寶精愛氣之說與古代醫家臟腑理論，闡述修煉長生成仙之術，並指出修道者若能常誦此經書，默念神名，存思身中神之形狀、服色、居處及其職司等，便能感通神靈，使臟腑安和，形神相守，延年卻老，成仙升天。王羲之身為一個信奉天師道教的世家大族成員，是中古世紀中國宗教歷史發展中的典型例子。

進入唐代，道教在李氏統治者的國家化道教政策推動下，進一步融合六朝以來的各個道派，尤其是進階式的道士授籙制度，更廣泛地整合了不同的道派。道教國家化，各地道教宮觀大量興建，地方道觀廣泛建立，士大夫道士階層出現，以及道藏經的搜集、入藏、傳寫和流傳散布等等因素，都促使道教在唐代社會得到廣泛和深入的發展，並持續影響後世中國人的宗教取向和精神文明。

晚唐五代時期，張道陵天師家族中的一系在江西龍虎山定居下來，逐漸取得江南地區道教的領導地位。龍虎山為道教第三十二福地，原名雲綿山，其山狀若虎踞龍騰，一山盤曲如蟠龍，一山背臥如伏虎，因之名龍虎山。龍虎山上較早的道教廟宇是唐會昌（841-846）中建立的真仙觀。至宋代，張道陵後裔漸受朝廷重視，龍虎山道教隨之興盛，於是宋代的龍虎山就漸漸擁有了大批道教宮觀。元大德八年（1304），元成宗敕封張道陵第三十八代孫張與材為「正一教主」，主領三山符籙，天師道自此改稱為「正一道」。歷代天師生活起居和傳教布道之所稱為「嗣漢天師府」，又名「正一真人府」，現存的天師府建於明代洪武元年（1368）。

▲ 王羲之《黃庭經》書法（香港中文大學文物館藏）

二、宋代道教與地方廟宇的發展

早期天師道治的教團組織一直存續至十世紀的晚唐，之後逐漸向近現代的地方廟宇體系轉變。雖然這種趨向地方廟宇組織形式轉變的成因仍有待研究，施舟人則認為這一轉變促使道教完全融入中國地方社會文化，並稱之為「道教的民間化」（popularization of Daoism）。然而，許多當代漢學家卻把道教民間化轉變趨勢錯誤地解釋為道教向著「巫術性的世界觀」轉變，或是代表老子道家哲學的衰微。

北宋大中祥符二年（1009）十月，真宗下詔全國諸路、府、州、軍、縣擇官地、給官錢和出工匠建道觀，並賜「天慶」為額，以奉道教三清尊神及玉皇上帝。此時，北宋有州郡三百二十、縣一千五百五十，意味著全國天慶觀不下千所。

北宋初期，由於長江流域商業城市的興起，一個中國商人階層以及商業行會漸漸形成。這些新興的商人階層以地方道觀為中心，組織了以崇拜和祭祀地方神明為目的之「會」的組織。北宋初期，各地天慶觀已與商人行會以及民間自發的香火組織相結合，產生有組織規模的地方網絡，從而出現比唐代更龐大、更廣泛的地區網絡體系。宋真宗詔令天下興建天慶觀，伴隨而生的是由官方發起和認可、遍及全國州郡縣的道教與地方經濟體結合的全國廟宇組織。而依附天慶觀的崇拜組織——「會」的性質可以是多元的，例如有屬於不同商業行業的香會，屬於不同節期和神祇崇拜的進香會，以及為了維持或重修道觀殿堂而成立的服務性善會、義會、勝會等各種信徒組織。

除了營建全國道觀網絡，北宋初年，各個地方城市（尤其以鎮為中心）都修建了由官方支持的東嶽廟，並在地方廟宇的基礎上，每個城鎮都建造了城隍廟。在城隍廟的體系下，還有土地公廟及其他的神祠。

這些在地方上最受民眾歡迎的廟宇神祠都是由當地信眾組織建造的，他們負責組織、主持地方神明誕期等慶祝活動，而道士則負責以道教儀式為主的祈禳儀式。這些地方廟宇在中國地方社會廣泛存在，並將中國民眾的神聖與世俗活動有機地結合在一起。一方面，這些神明誕期的慶祝活動包括了為社群祈福禳災的道教儀式；另一方面，廟會期間又常出現由各地方信眾組織、聯繫和推動的社會經濟活動。然而，正如施舟人所說，在這些廟宇內的世俗活動並沒有改變其同時所具有的道教性質，因為這些廟宇均由道士打理。這些主持地方廟宇和相關儀式的道士大多遵循道教齋醮的儀式傳統。

簡而言之，北宋以降中國道教民間化的結果，是遠離了漢末六朝以來由祭酒道士及道民信徒共同組成的天師道教團組織，出現了更具地方特色的道觀和祭祀地方神明的廟宇組織。正如施舟人所指出的，我們不應忽略上述道教民間化使得中國地方的廟宇活動更趨「道教化」的發展和影響。同樣，中國地方信仰的道教化趨勢也可從筆者對於近代廣東地區齋醮儀式的調查中得到證實。這是近代中國宗教發展史上的一個重要宗教事實。這部分將在第三章再詳細闡述。

三、明清時期的張天師

正一派在明代處於另一個歷史發展的上升期。第四十二代天師張正常（1335-1377）在洪武元年（1368）就獲授予「正一教主、嗣漢四十二代天師、護國闡祖通誠崇道宏德大真人」之號，並領天下道教事，天師官秩正二品，位比孔子後代的衍聖公。張天師由原本掌管「江南道教」，變為掌理全國道教事務。

進入清代，政府對正一派的態度轉冷。在清乾隆時期（1711-1799），張天師品級遭降格，江西龍虎山張天師世襲的官階被降到五品，道光皇帝甚至以張天師係方外人士，取消其入朝覲見皇帝的資格。乾隆元年（1736），清政府開始連續三年的僧道調查登記，目的是要重新掌握地方上宗教活動的管理權，壓制江西龍虎山正一天師府在中國傳統宗教事務上的影響、地位和權力。尤其藉著官方頒給僧道度牒的機會，把所謂世俗在家的「應付僧」和「火居道士」剔除出宗教人員的隊伍。乾隆四年（1739）以後，清政府禁止了龍虎山天師府為各地正一道士授籙傳度，及取消其給發度牒和執照的權限。經歷乾隆朝的壓制以後，正一派逐漸喪失了政治話語權與官方支持。

不過，清政府仍設中央主管道教的道錄司，以及在地方各府縣的道紀司和道會司。以廣東為例，與在宋、明兩朝時一樣，清代廣州元妙觀仍兼為地方道官機構。由於清代廣州城區西屬南海縣，東屬番禺縣，南海縣道會司乃設於廣州城西的元妙觀。民國二十五年（1936）廣州正一道士代表鄧榮新呈予廣州市公安局和社會局的正狀紙稱：「民等正一道士在清季時代，亦經明認為純正道士，向來均有藩台巡撫札諭，南（海）番（禺）兩縣委任道紀司及道會司以為管轄。」（黎志添：《廣東地方道教研究》，2007年，頁9）據此，南海縣更因與廣州府城的關係，設有道紀司和道會司，附於廣州元妙觀內，成為廣州府的道教管理機構。

清至民國時期，這些正一派道士仍在地方社會的宗教活動中扮演儀式專家的角色。例如，目前香港大多數正一派道士常用的施食煉度科儀本《青玄集要煉度施食科儀》，是在上世紀四十年代二次大戰期間，隨廣州地區正一派道士遷移而傳入港澳地區。澳門吳慶雲道院藏的清光緒乙酉年（1885）重刻版，扉頁謂板存廣州東來經閣。《青玄集要煉度施食科儀》開首附有一篇〈青玄集要煉度施食序〉，注明乃古城後學李印清「大清雍正癸丑歲春初書於通元觀之東齋」，則此科本成書不會晚於雍正十一年（1733）。除此正一科本以外，尚有新界正一派道士常用的《普施煉幽金科》。這些科儀本的傳承與流布的情況，正是正一派道士及其科儀活動仍然活躍於民間的旁證。

第四節　道派之二：全真教與龍門派

道教在歷史中的第二種存在形態為有出家修練傳統的全真教道觀。「全真」一詞，出自《莊子．盜跖》，其意是「保持本性」。陳銘珪（1824-1881，龍門派名「教友」）《長春道教源流》認為「全真」的意思，就是「志之所存，求返其真，謂之『全真』」。清靜無為乃修道之本，除情去欲，心地清靜，才能返樸存真，識心見性；而全真就是通過真功、真行的實踐，「性命雙修，全道之真」。因此，全真教相當注重修煉「性命」，主張修道者必須出家，苦己利人。

在中國北部，特別是黃河流域以北，包括東北及西北，道教宮觀多採用全真教道士出家制。而在南方（如浙江、福建和廣東），包括香港、臺灣及新加坡，許多道教宮觀雖在道派的歸屬上是全真教，但多採用方便法門，即非出家制度的全真宮觀文化。道士無需脫離家庭生活，只是有駐觀的生活和工作。

不管是在家還是出家制度的道觀，對傳播注重心性修煉的道教信仰都同樣重要。道觀以道士為傳播信仰、文化的主要媒介。在香客、善信到道觀祀神進香時，道士就向他們傳道。

一、全真教的歷史起源

北宋王朝於一一二七年陷落，繼而在江南建立南宋政權。中國的北方則落入非漢裔的女真金國政權的統治。整個十二世紀，中國都處於戰爭和動亂之下，此時北方道教出現三個新的道派：太一教、大道教和全真教。全真教興盛於金元時期，是宋元新道派中最大也是最重要的一派。元代以降，與正一派同為兩大道派延續至今。

五祖七真是早期全真教祖師的總稱。五祖是指五位全真開派祖師，即東華帝君王玄甫、正陽帝君鍾離權、純陽祖師呂洞賓、海蟾祖師劉海蟾和重陽祖師王重陽。在元代，呂洞賓先被官方晉封為「真君」，後升為「帝君」，於元武宗至大三年（1310）被封為「純陽演正警化孚佑帝君」。作為開派教祖，呂純陽帝君成為從太上老君經東華帝君和鍾離權傳承而來的全真教道統的第三位祖師。

七真是指王重陽的七位主要弟子：馬鈺（丹陽）、譚處端（長真）、劉處玄（長生）、丘處機（長春）、王處一（玉陽）、郝大通（太古）和孫不二（清靜）。兩宋時期南方的金丹道則奉張伯端、石泰、薛式、陳楠和白玉蟾為五祖。元代中後期，北方的全真道與南方的金丹派融匯，隨後全真教內部將原來的五祖稱為北五祖或老五祖，而將南宗的五祖稱為南五祖。此外，亦有人將南五祖、張伯端弟子劉永年和白玉蟾弟子彭耜合稱為「南七真」。

元代全真教大行其道，元世祖和元武宗曾兩度褒封「五祖七真」。據《金蓮正宗仙源像傳》所收〈元世祖皇帝褒封制詞〉和〈武宗皇帝加封制詞〉載，至元六年（1269）正月，元武宗「命儒臣進加徽號」，下詔褒封五祖七真；至大三年（1310）二月，元武宗再下詔褒封。這兩度褒封認可了「五祖七真」作為全真教祖師的地位。

王重陽（1113-1170），重陽為其號，原名中孚，字允卿，金朝京兆府終南縣（今陝西終南縣）人。曾應科舉不第，後中武舉，四十七歲仍不得志。正隆四年（1159），他在終南縣甘河鎮的酒肆中遇見呂洞賓。劉祖謙《重陽仙跡記》說，正隆己卯，王重陽忽然在甘河遇到了至人，至人器重重陽，秘密授予口訣，又給他喝了神水。遇仙後，王重陽於金世宗大定元年（1161）前往終南山南時村掘地為隧，題為「活死人墓」，自此開始了離家棄俗的修道生涯。

大定七年（1167），王重陽忽然焚其所居茅庵，東出潼關，赴山東半島傳教，五月路過北邙山上清宮時，他在牆壁題詩云：「丘譚王風捉馬劉，崑崙頂上打玉毬。你還般在寰海內，贏得三千八百籌。」（《七真年譜》）這預示了他將要度化丘處機（1148-1227）、譚處端（1123-1185）、馬鈺（1123-1183）和劉處玄（1147-1203）四人。及後王重陽陸續收了其他弟子，其七大弟子後稱「七真」。到大定十年（1170）正月初四日，王重陽自知行將羽化，召集四位弟子說：「吾今赴師真之約矣。」在王重陽逝世後的元代初期，全真教受到元朝政府的禮待。元世祖忽必烈在至元六年（1269）敕封王重陽為「重陽全真開化真君」，元武宗至大三年（1310）進一步加封他為「重陽全真開化輔極帝君」。

後來，全真教逐漸分出許多支派：嗣馬鈺者稱「遇山派」，嗣譚處端者為「南無派」，嗣劉處玄者稱「隨山派」，嗣王處一者為「崑崙派」，嗣郝大通者為「華山派」，嗣孫不二者稱「清靜派」等。其中，以嗣丘處機的「龍門派」人數最多，勢力最大，掌教時間最久，龍門派教主掌教時期也是全真鼎盛時期。

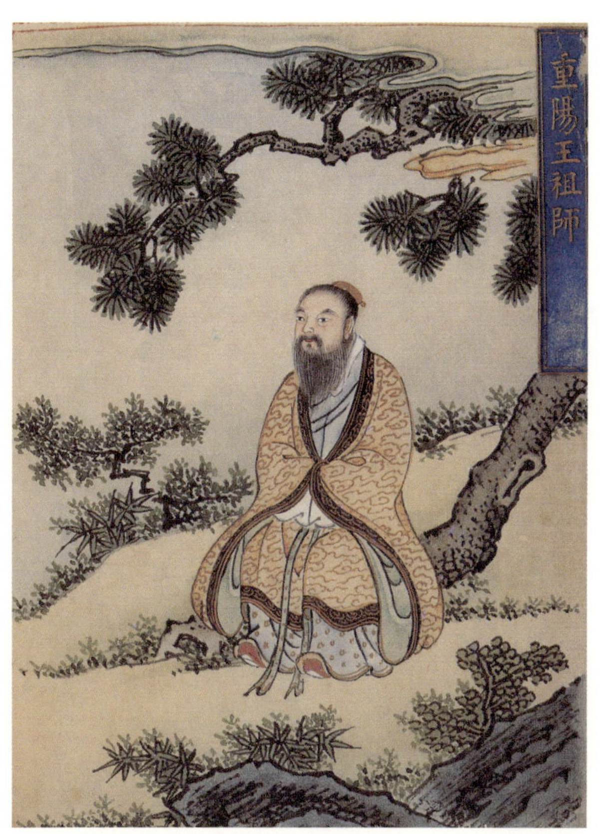

▲ 王重陽（明代《御製全真群仙集》）

丘處機，一名丘長春，字通密，號長春子。少時已志慕玄風，十九歲時，在寧海拜全真教祖王重陽為師，出家為全真道士。他在大定二十年（1180）遷居隴州龍門山（今陝西省寶雞市隴縣境內），並在這裡繼續修行七年，苦行一如既往。他寓居於龍門期間開始受到時人注意，漸漸有更多人際交往及詩詞酬唱，後來聲名藉甚，乃至獲得地方官員以至王朝統治者的禮遇及諮詢。元太祖十七年（1222）四月，丘長春謁見太祖成吉思汗於大雪山之陽，諫謂：「欲一天下者，必在乎不嗜殺人。」成吉思汗聽取其意見，並下命將二人會面內容編輯成《玄風慶會錄》傳世。

丘處機在一二二三年三月開始東還，在八月回到宣德州（治所在今河北省宣化縣）。翌年，他得到燕京（今北京）官員的邀請，前往太極宮（天長觀），後主持該觀事務，並在當地建立「平等」、「長春」、「靈寶」、「長生」、「明真」、「平安」、「消災」、「萬蓮」八會。之後兩年（1225-1226），由於出現「熒惑犯尾」及燕京大旱的情況，丘處機先後兩次在燕京主持醮會。丁亥年（1227），朝廷敕改太極宮（天長觀）為長春宮，同年丘處機羽化，葬於今北京白雲觀丘祖殿所在處。丘處機在至元六年被元世祖忽必烈敕封為「長春演道主教真人」。元武宗至大三年朝廷再加封丘處機為「長春全德神化明應真君」，以示尊崇。

元代以降，丘處機一系的弟子逐漸形成以丘處機為祖師的龍門派，並在派系傳承上以趙道堅為第一代律師。清代嘉慶年間（1796-1820）金蓋山全真道士閔一得（1758-1836）所撰的《金蓋心燈》，及光緒年間（1875-1908）廣東羅浮山酥醪觀觀主陳教友所著的《長春道教源流》均有述龍門派源流。至此，可以總結出金元時期的全真教信仰特點：

1. 全真教將自己視作一個獨立的宗派，它模仿佛教的僧侶制度，漸漸形成了一個出家道士的叢林團體，所有全真道士都生活在道觀裡。金元時期，全真道觀在燕京、河北、山西、山東諸地急速擴展，僅分佈於山西的全真道觀就有三百座以上。

2. 全真教的教義是將唐宋以來鍾呂內丹派的思想再加以理論化、制度化和教義化，把修煉內丹提升至成仙證真的主要途徑。

3. 全真教追求長生成仙，但不講求肉體不死、肉體飛升，而是追求超出生死的成仙信仰。所謂超出生死是指找到自身本來不生不滅、超出生死的「本性」，這種永恒不滅的東西只在自心，乃心之性，亦曰元神、本真、真性。從真性本來超出生死之說出發，全真教確定了其唯重修心見性以期超出生死的修煉之法。即是說，他們不依靠外物而求長生，只重向內求真，體認本來真性。

4. 從全真教繼承鍾呂內丹修煉的含義來說，「全真」之意，就如元代全真教道徒李道純所言：「全真者，全其本真也。全精、全氣、全神，方謂之全真。」通過真功、真行（即性命雙修）以復還道之真性。修性者，明心、明性、見性、苦修靜思；修命者，修煉精、氣、神，在體內形成內丹。因此，我們可以說全真教就是以性命雙修的教化來度化世人。

5. 三教歸一、三教平等是全真教一個相當重要的核心思想。重陽創立全真道之初，就以「三教合一」為立教宗旨：「釋道從來是一家，兩般形貌理無差。」「儒門釋戶道相通，三教從來一祖風。」「心中端正莫生邪，三教搜來做一家。」（《重陽全真集》卷一）他亦曾表示：三教的關係如同鼎的三隻足，同為一體，不會相互區分。三教都離不開真正的道，可以將它們比喻為一根樹幹上生出的三條枝丫。（《重陽真人金關玉鎖訣》）除此之外，王重陽還奉《道德經》、《清靜經》、《心經》與《孝經》為全真弟子必讀經典，認為這些都是「全真」的理論基礎。後來，全真七子繼承王重陽「三教合一」的思想，堅持三教同源、三教合歸於一道的宗教理想，倡導三教經典並行。不僅早期全真道奉行「三教合一」，而且明清以後，全真弟子仍然貫徹奉行。

6. 全真教建立了道士出家的制度，並實踐十方叢林制度及嚴守清規戒律。全真道士規定要出家，並且模仿當時禪宗叢林寺庵之制，創立本派弟子出家、雲遊、乞食、住庵之制。全真教立教之初，還強調道徒必須先持戒，提出了一些約束道徒行為的規範。據《重陽真人金闕玉鎖訣》說，修天仙之道，「第一先須持戒，清淨忍辱，慈悲實善，斷除十惡。行方便，救度一切眾生；忠君王，孝敬父母師資。」後來，全真宮觀漸漸發展起來，出於道士集體生活的需要，全真教仿禪宗《百丈清規》，編製了《全真清規》全一卷，輯錄了全真道部分戒規、禮儀和雜文，被收入《正統道藏》。

二、清代全真龍門派的發展：以廣東為例

若論清代道教的發展，龍門派幾乎可成為唯一活躍的代表。自清初在北京白雲觀住持王常月（號崑陽，1594-1680）的帶領下，全真教以「龍門正宗」之名盛行全國。丘處機仙逝（1227）後，其弟子尹志平建「處順堂」於長春宮東側，葬丘真人遺蛻

於堂中。明初，長春宮毀於戰火，唯處順堂獨存，朝廷曾幾次頒旨重修，其修建工程以處順堂為中心向四周擴展，更名為「白雲觀」。正統八年（1443），英宗皇帝再次頒旨修繕並賜「敕建白雲觀」匾額。逮及清代，據說王常月於河南王屋山遇全真六祖趙復陽，被納為弟子，並受戒律，取名常月。龍門之派詩為：「道德通玄靜，真常守太清，一陽來復本，合教永圓明，至理宗誠信，崇高嗣法興。」王常月乃「常」字輩龍門弟子，為第七代律師。

清順治十二年（1655），王常月掛單靈佑宮。此時北京白雲觀已毀，王常月後應任方丈，並取得順治帝的信任，賜號國師，在重修的白雲觀主講道法，並被賜予紫衣。順治十三年（1656）、十五年（1658）、十六年（1659），王常月改變戒法秘傳之舊制，奉帝王之旨，三次公開登壇說戒，僅在京師白雲觀就度有全真龍門弟子一千餘人，使得道風大振（《白雲觀志・崑陽王真人道行碑》）。此外，據說王常月又在康熙二年至七年（1663-1668）間，率弟子南下長江以南之金陵、金蓋、穹窿、青坪等地區，傳戒闡道，立觀度人。

根據湖州金蓋山道士閔一得所編的《金蓋心燈》，在王常月南下傳戒之後，杭州金鼓

▲ 丘長春祖師像（北京白雲觀藏）

▲ 全真教道士

洞道院開山祖師周太朗（1628-1711，字明陽，號元真子）成為龍門派第九代律師，他積極推動龍門派在江浙地區的發展，《金蓋心燈》稱：「當時從師（周太朗）者千有餘人……逮我明陽子周律師出，祖道南行。」

王常月之革新龍門，在於其戒行精嚴，嚴持十方叢林，守戒修行。王常月所傳三壇三大戒依次為初真戒、中極戒、天仙大戒，每個受過全真教三壇大戒的道士，需領受《初真戒》、《中極戒》和《天仙大戒》各一份。清初以後，在龍門派十方叢林制度下的宮觀方可開壇傳戒，例如日本學者小柳司氣太《白雲觀志》（1934）便記載白雲觀授戒的規律，云：「授戒者，十方叢林之特權。不畢業授戒者，不可稱道士。」據資料顯示，北京白雲觀、瀋陽太清宮和西安八仙庵在清代各時期均有開壇傳戒。李養正《新編北京白雲觀志》（2003）曾考證，從清嘉慶十二年（1807）至民國十六年（1927），北京白雲觀曾經舉行公開傳戒三十一次之多，受戒弟子共五千四百六十四人。

此次全真教「中興」，與其在清初順治（1644-1661）及康熙（1662-1722）兩朝得到清室的支持和信任有密切的關係。在這數十年間，龍門派取得官方認可，能夠向全國道觀道士公開傳戒。龍門派弟子的數量一時大增，他們紛紛出任各地道觀住持，並逐漸在全國各大區域建立起屬於龍門正宗的道觀網絡，各個宮觀之間均有聯繫。清代全真教龍門派道觀的地域網絡可劃分為四大區域：

1. 北方的河北、山東和遼寧一區；
2. 江南的上海、寧波、常州和杭州一區；
3. 西南和中部的西安、成都、漢陽和武昌一區；
4. 廣東的惠州府（包括羅浮山）和廣州府一區。

從康熙至乾隆初歷六十餘載，全真教龍門派在廣東地區的傳播發展，縱使不能說已「遍佈」境內，但已儼然在廣東境內的道觀及道士中佔主流地位。廣東羅浮山酥醪洞主陳教友撰《長春道教源流》（1879）評論曰：「世稱龍門臨濟半天下，謂釋之臨濟宗，道之龍門派也。」然而，他又指出：元代以後至清朝，全真教遍佈江南各行省，唯廣東一帶未流行。不過，《寰宇訪碑錄》載有楊璧撰《臨桂棲霞洞全真觀記》，創作的時間是至元十七年（1280），說明元初全真教已傳播到廣西地區了。《長春道教源流》稱：如果查詢當時粵東羅浮山及省城諸道觀的流派，則又都是全真教，惜其源流未詳。

後來，陳銘珪的兒子陳伯陶（1855-1930，龍門派名「永燾」）在一九二〇年，為增補其明代先祖陳璉《羅浮志》（1410）的內容，出版了《羅浮山志補》，並在全書十五卷之後，加入親身著述的〈羅浮補志述略〉。此文進一步地探索清初廣東省全真教龍門派的由來，並對羅浮山全真教龍門派的歷史淵源提出了看法。雖然陳伯陶並未清楚說明書中新資料的出處，但比較陳銘珪《長春道教源流》和《浮山志》二書，陳伯陶補充了較多清初羅浮山沖虛觀和酥醪觀龍門派道士的來歷和活動資料。關於清代廣東省全真龍門派的由來及傳承，陳伯陶認為廣東全真龍門派始於杜陽棟、曾一貫，道觀分支有惠州的玄妙觀，省城的三元宮、應元宮、五仙觀，番禺的純陽觀，其餘廟宇分散流布數量眾多，無法勝數，大致都以羅浮山華首沖虛觀為宗。

其實，這裡提到的龍門派道觀，並非從一開始就屬於全真教。以羅浮山沖虛觀為例，沖虛觀本為博羅縣著名道觀，北宋元祐二年（1087）已立觀，直至明末，仍不屬於全真教。康熙二十七年（1688），沖虛觀得到惠州太守呂應奎和博羅縣令陶敬等募錢支持，完成復修工程。此後十年間，沖虛觀才從舊傳統過渡到新傳統，康熙三十七年至三十九年間（1698-1700），方有全真教龍門派道士杜陽棟住持沖虛觀。康熙五十五年（1716），曾一貫繼任羅浮山五觀總住持並駐沖虛觀，從此沖虛觀便成為廣東全真教龍門派道觀的中心代表，並以正宗龍門派自居，傳授度牒，而受度的道士亦一直依承正宗龍門派詩代代相傳。在這轉為全真教龍門派十方叢林道觀的過程中，均有地方官員的支持和推動。杜陽棟和曾一貫之所以能夠受任住持沖虛觀，其中十分重要的原因是地方大吏的邀請和支持，又因此緣故和背景，他們能夠以全真教龍門派的制度來改革羅浮山五觀。

清初廣東道教的發展出現了與明代不同的新轉變，有清初朝廷對全真教龍門派的信

▲ 羅浮山沖虛觀杜陽棟煉師畫像（佛山博物館藏）

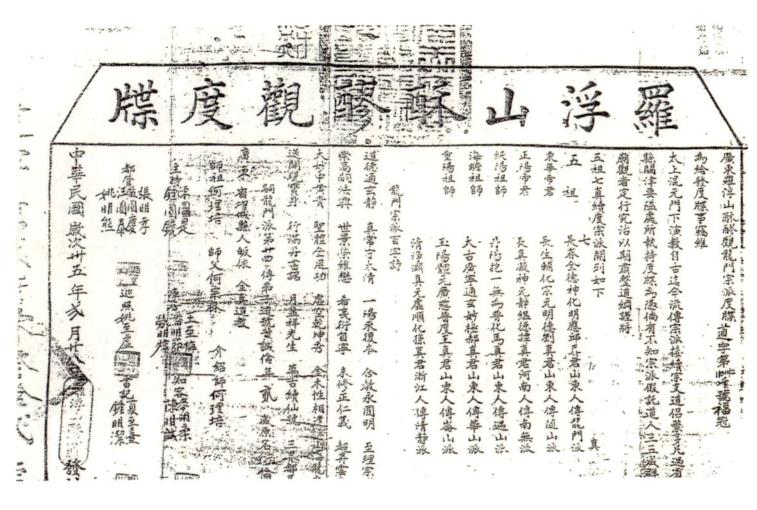

羅浮山酥醪觀度牒

廣東羅浮山酥醪觀龍門宗派度牒 道字第 [illegible] 號 福冠
為給發度牒事竊維
太上混元門下演教自古迄今流傳宗派接續宗支道侶叢多凡遇有
懸關律典陞座所執持度牒為憑倘有不知宗派假託道人 [illegible]
廟觀者定行究治以期肅整道綱謹將
五祖七真續度宗派開列如下

五祖
東華帝君
正陽帝君
純陽祖師
海蟾祖師
重陽祖師

七真
長春全德神化明應邱真君山東人傳龍門派
長生輔化宗元明德劉真君山東人傳隨山派
長真凝神元靜蘊德譚真君河南人傳南無派
丹陽抱一無為普化馬真君山東人傳遇山派
太古廣寧通玄妙極郝真君山東人傳華山派
玉陽體元廣慈普度王真君山東人傳崳山派
清淨淵真元虛順化孫真君浙江人傳清靜派

龍門宗派百字詩
道德通玄靜　真常守太清　一陽來復本　合教永圓明　至理宗 [illegible]
崇高嗣法興　世景榮惟懋　希夷衍自寧　未修正仁義　超昇雲 [illegible]
大妙中黃貴　聖體全用功　虛空乾坤秀　金木性相逢 [illegible]
達開現寶身　行滿丹書詔　月盈祥光生　萬古續仙號　三界都 [illegible]

嗣龍門派第廿四傳弟子 [illegible] 道號 [illegible] 誠倫 年 貳 [illegible] 歲原名 [illegible] 倫
廣東省增城縣人皈依　全真道教
師祖何理培　師父何宗 [illegible]　介紹師何理培
主持陳圓昆　[illegible]　王至梅　知客 [illegible]
都管 張明孝　汪圓慶　姚明能　巡照姚至庄　書記夏至 [illegible]　鍾明深
中華民國歲次卅五年貳月廿 [illegible] 發

▲ 羅浮山酥醪觀度牒（1946 年）

任和支持，滿清旗人藩將南下克平及管治廣東，地方大吏的推動和募緣，以及龍門派道士南來廣東等四個歷史因素。直至今天，全真教龍門派在廣東地方道教、道觀和道士中仍然佔主流地位。全真教龍門派的三大特徵——道觀十方叢林制度，依據派詩傳承譜系和度牒，以及龍門派道士和十方常住道眾必須嚴守清規戒律，都一一構成了清代廣東全真道教的傳統特色。

廣東省其他道觀以羅浮山全真教龍門派為宗的情況，亦延續至民國時期。例如《廣東年鑑》（1942）稱有許多散佈在各縣地方的道觀，其組織皆仿羅浮山的道館而立，並且以羅浮山為其所宗。不僅如此，廣東地方道觀皆稱自己為「全真演教，龍門正宗」，這情況同樣可見於現今香港大多數的道觀和道壇，它們多以「龍門正宗」而自居，並宣稱有道派傳承的正統身份，因為大多數香港早期的道侶都來自廣州的全真教龍門派。

結語

儘管許多道觀在晚清及民國時期被迫改為政府機構、公園及學校，但在近三十年以來，傳統中國宗教文化場所已經走出過去一百年的坎坷，漸漸得到復原。今日的中國從城市到鄉村建有上萬所道教宮觀。道教信仰借助道觀散佈中國各地，各方善信亦得以借助宗教的神聖空間找到心靈歸屬，道觀也是信眾與信仰的道教神明保持緊密關係的宗教空間。今後如果不會重演如晚清廢廟辦學、民國的風俗改革、上世紀六七十年代「文化大革命」這些短暫的宗教迫害，我們相信，道教宮觀仍會是未來道教發展的重要力量，成為滿足百姓祭神等宗教精神需求的重要場所。

但是，對於宮觀的未來發展，我們擔憂宮觀能否成為推動中國宗教文化復興的力量，因為這取決於宮觀的管理制度、道士的教育水平，以及道觀能否在香火供奉之外提供更多樣的道教文化活動，如證道說法、講經教育等。宮觀與道教文化教育應相輔相成，宮觀不應該僅是香火供奉之地，還可以成為提供道教文化教育、深化善信了解道教文化的場所。我們希望未來的道教宮觀可以重新承擔起推廣道教文化的角色及責任，重新建立以宮觀為中心、具有文化影響力的道教（或簡稱「文化道教」）。

第三章

道教神明、儀式與地方廟宇祭祀

☯ 第一節　道觀與地方廟宇

本書第一、二章主要從道派的傳承、道觀的組織以及道觀教職人員所從事的儀式活動去了解道教。這樣的進路可能比純哲學的角度更為具體全面，但也有一個不足之處，即如果只是單單從道教的組織和教職人員——無論是出家道士抑或從事道教儀式的正一派火居道士（即廣東或香港常說的「喃嘸先生」），仍然無法窺見道教的全貌。道教本身與西方宗教不同的地方，在於它並非要建立一個排他的宗教觀念、宗教信仰。上文提到道教土生土長的特點，所謂的「土長」，即是指道教在中國的社會文化中所呈現的地方色彩、滲透影響、普遍程度，表現為道教和我們周遭的廟宇神明祭祀之間的關係等等。所以這一章從道教神明信仰以及道教與廟宇信仰之關係的宗教角度來了解道教。

為何在本章標題中加入「儀式」一詞呢？如果談及道教的宗教色彩——正如上一章所講——它不是一個外來宗教，而是源於中國本土多元的宗教文化。我們可以看到，基督教和佛教等外來的宗教都會強調自己與他人的不同，讓信眾可以自我抉擇——為何相信該宗教而不相信其他宗教，甚至是他們本土的宗教。這類具有傳教性質的宗教，往往以教義作為首要的面貌，通過教義說明與其他宗教不同的地方。而道教的宗教色彩蘊含在本土文化裡面，解答中國人對生死的疑慮，進而解決生老病死等宗教關懷的終極問題，這些主要不是首先以教義，而是通過儀式來表達的。如果放在當今世界的各個宗教傳統中來看，所謂的「教義型宗教」（doctrinal religion）以基督宗教和佛教作為代表，但是所謂「儀式型宗教」（liturgical religion）則以道教為典型。

我們討論道教，不能離開身邊的社會環境，如果大家看一看身邊香港道教的發展，就會明白這不是一個純哲學層面的講究接受與否的宗教，而是與我們日常生活不可分離、土生土長的宗教。從傳統的層面來看，香港的宗教信仰習俗以地方廟宇為主體，到了二十一世紀，儘管中環、銅鑼灣、尖沙咀等地區非常現代化，但這並不代表傳統信仰的消逝。傳統的中國信仰，包括道教，已成為了一種習俗性質的文化和日常生活中不可缺少的信仰。例如過春節的時候，有很多不認識道教歷史和教義的年輕人去圓玄學院、雲泉仙館、蓬瀛仙館、黃大仙廟等道觀拜太歲神，祈求轉運。因此，我們不能簡單地套用宗教世俗化的理論，認為傳統的宗教信仰已經在現代香港社會消逝。

傳統的宗教信仰，包括道教信仰和廟宇祭祀文化，在今天的香港社會仍然有很強大的生命力。香港道教聯合會曾經做過一項調查，計算從正月初一到十五期間有多少信徒會去傳統的道教廟宇祭拜，其中包括黃大仙祠、青松觀、圓玄學院和蓬瀛仙館，結果發現僅黃大仙祠就有七十萬人次前往，加上其他宮觀一共可達一百五十萬人次。在西方的宗教概念中，這些信眾不是自覺的道教徒，但新年到道教宮觀去祭拜是不是一種道教行為呢？我想答案顯而易見。由這個例子不難看出，今日社會的道教信仰依然具有強大的生命力和習俗色彩。

上文曾提及，道教信仰是以道觀和道士作為載體和媒介來表達其存在感的宗教。例如粉嶺蓬瀛仙館，從山門沿石階而上，到主殿——兜率宮，其道教神明信仰便清晰可見，即在主殿供奉神明太上老君（中位）、孚佑帝君呂祖（左位）、全真祖師丘長春（右位），這樣的格局說明蓬瀛仙館是歷史悠久的全真教道觀。

上一章講及全真教龍門派的傳統時，曾說要了解道教首先要從道派的歷史出發，不過我們在廣東地區的田野考察中發現，有些問題並不能用道派歷史去解釋。譬如廣州蘿崗區筆村玄帝古廟的主殿，神壇上不止供奉一座神像，共有鄧天君、文昌帝君、玄天上帝、關聖帝君、趙元帥、雷聲普化天尊等共七位道教神明，這是傳統鄉村廟宇典型的「一廟多神」。玄帝古廟的主神玄天上帝毫無疑問是道教神明，而鄧天君、文昌帝君、關聖帝君、趙元帥、雷聲普化天尊不都是道教神譜裡面的神明嗎？那麼是否意味著這個廟就是道觀呢？那又不是，它的性質就是一座稱為「玄帝古廟」（又稱北帝廟）的村廟。那我們如何去了解這一現象呢？

先前所說的道教神明信仰的滲透影響和習俗色彩就體現在這裡：一個地方廟宇並不是由道士打理，也不是由一個道派的傳承而產生，但在這個廟宇裡面卻供奉著和道教有關的神明。那我們該如何理解這種現象呢？有些廟宇，如九龍坪石邨的三山國王廟是從潮州傳入的，其主神的身份是一個地方的神明，明顯不從屬於道教的神譜。因此，這只是一所供奉潮州地方神明的廟宇，具有很強的地方色彩與社群聯繫，並不是道教廟宇。要了解道教神明信仰的所在處，從蓬瀛仙館到玄帝古廟，再到三山國王廟，三者之間如何區別，又如何讓我們認識道教具體的宗教信仰呢？

本章希望讓讀者了解道教神明和地方神明有甚麼區別，道教宮觀與供奉道教神明的廟宇在宗教傳統的分類上又有甚麼區別。道教的宮觀身份很清楚，一般具有道派的

▲ 廣州筆村北帝古廟神像，左起：趙公元帥、關聖帝君、玄天上帝、文昌帝君、雷霆欻火鄧大天君

傳承，並且由道士或道教信徒管理，「宮」和「觀」的區別在於殿宇規模。但「道教廟宇」的概念，是指廟宇裡面供奉道教的神明，或者舉行一些和道教有關的祭祀儀式活動。

今日在九龍紅磡的觀音廟，經常會舉行「借庫」活動，這間廟宇供奉的是觀音，表面看同道教沒甚麼關係，但這個廟宇的司祝會請職業道士在廟內舉行祈福、禮斗或中元法會等道教儀式。換言之，有些地方廟宇是和道教信仰有關，包括供奉和道教有直接關係的神明，或者是由受邀請的道士主持道教儀式；但是有一些地方廟宇，跟以上三種類型——道派傳承、道教神明、道教儀式——均無關係。

第二節　道教神明信仰

在道觀裡面，三清的神明信仰主體意識是很清楚的。玉清元始天尊、上清靈寶天尊和太清道德天尊是道教的最高神明。在今日香港新界圍村的太平清醮儀式中，正一派的道士會設立一個供奉三清尊神的神壇，作為道士舉行醮儀的內壇場所。在蓬瀛仙館主殿的中位，就是太上老君，即三清尊神之一的道德天尊。此外，在道教的其他神明信仰裡，祀奉呂祖孚佑帝君也很普遍。在香港大概一百多所宮觀和道堂裡，大約有三分之一供奉的主神是呂祖孚佑帝君。譬如黃大仙祠，雖然供奉的主神是赤松黃大仙，但其旁也供奉呂祖。道教的神明，還包括斗姆元君，又稱為眾星之母，眾星即東南西北二十八宿。另一例子是太乙救苦天尊，如今在殯儀館舉行的打齋儀式過程中，超度亡魂所請的神明就是太乙救苦天尊。這在齋醮儀式的分類中特別清楚：超度亡魂是齋儀，打醮則是醮儀；前者是凶事，後者為吉事。打醮為村民祈求

▲ 靈寶天尊（北京白雲觀藏）

▲ 元始天尊神像（北京白雲觀藏）

▲ 道德天尊（北京白雲觀藏）

平安，就不需要請太乙救苦天尊；但在度亡的科儀中就要邀請太乙救苦天尊臨壇。

在道教的神明信仰中，有兩條基本原則需要特別注意。一是諸神之間是有不同的等級階位的，二是不同的神明之間有相應的天職和工作分配。這也是中國傳統的宗教文化和西方宗教文化的不同之處。

在神明信仰的等級中，有上界神明、中界神明和下界神明的區別，而且不同的神明之間還有分工的關係。接下來，我們使用一幅清代的道教眾神圖像——「道正宗師圖」，讓大家認識道教的神明和神譜系統。這幅眾神圖中一共收錄了八十三位神明，分為八個階位。第一階層為三清尊神、玉皇大帝、四御和西王母，三清即上文介紹的元始天尊、靈寶天尊和道德天尊；四御即北極紫微大帝、勾陳天皇大帝、南極長生大帝、后土皇地祇；第二階層有斗姆元君、北斗七位星君和南斗六位星君；第三階層為真武及其左右共十位元帥，上文提到的趙元帥，也位在這十大元帥之中；第四階層是五方五老天尊，五方即指東南西北中五個方位，五方五老天尊即是按照這五個方位分置的道教神明；第五階層是太乙救苦天尊和十大冥王；第六階層是雷聲普化天尊和雷部的各位官將；第七階層是東嶽大帝以及二郎神等眾神；第八階層是

▶ 道正宗師圖（李遠國教授藏）

土地、城隍神、關帝和四時功曹。

接下來我們就個別神明具體講解。第一階層的三清尊神非常重要，承載著背後的道教神學。三清代表著道教對創世神學的理解：元始天尊手執丹丸，右手虛拈，左手虛捧，象徵天地未形、萬物未生、清濁未判、陰陽未分，混沌之時道的無極狀態；靈寶天尊通常位於元始天尊的左邊，象徵著混沌始辨、清濁始判、陰陽始分的太極狀態；道德天尊則手執太極扇，象徵由太極分出陰陽兩儀。所以，三清象徵著道從無極到太極再到陰陽的創生過程。三清一方面指三界之上的三清神仙境地，即玉清天、上清天、太清天；另一方面，三清亦可指居於三清境的三位至尊神，即元始天尊、靈寶天尊、道德天尊。需要強調的是，道教中所謂「先天神」的系統，是指這些神並非從凡胎升格成神，而是由道氣化生為神，「一氣化三清」的意思，就是指從道氣化為至高的神明。

第三階有真武（又稱玄天上帝或北帝），其特別的象徵符號是腳踩龜蛇。在北帝的左右就是著名的十大元帥神，例如趙元帥（趙公明）、殷元帥（殷郊）、康元帥（康保裔）。香港許多宮觀會供奉北帝，北帝所代表的玄武信仰來自古代的星宿信仰。北方

▲ 雷聲普化天尊

七宿總稱為玄武，東南西三個方向則分別是青龍、朱雀、白虎。「北方斗、牛、女、虛、危、室、壁七宿，其形如龜蛇，曰玄武。」（見《尚書考靈曜》，收入《重修緯書集成》）這也是北帝腳踩龜蛇之形象的出處。漢代四神銅鏡和瓦當上已有明確反映「北宮玄武」為龜蛇交纏之獸象。除了是北方星神，玄武又是水神之名。（《後漢書．王梁傳》）明末清初廣東文人屈大均（1630-1696）在《廣東新語》稱：「蓋天宮書所稱，北宮黑帝，其精玄武者也。……祀黑帝者以其司水之源也。」自宋代之後，為了避趙玄朗諱，玄武改成真武，屢受國封，其祠祀也逐漸遍佈天下。道教許多儀式也是以北帝或玄武為主神，例如向北帝拜懺的《太上玄天北極法主蕩魔天尊寶懺》。

第八階主要有城隍和土地，為地方神明。第一階的三清是道氣所化，第二階的斗姆是眾星之母，第三階的北帝也是北方七宿的星神，而到了第八階則是管理地方事務的城隍和土地，亦包括處在八階中最低位的關帝。關帝在清代備受尊崇，然而他無法進入最高三階，因為他並非直接從道氣所演化的先天神，而是「人神」（human god），即是由人而成的神。

道教的神明信仰非常堅持先天神和後天神的區分。在歷史發展中，許多對國家和地

▲ 玄天上帝（武當山博物館藏）

方有巨大貢獻的人物，陸續被道教神譜所吸收，對於這些人神的崇拜不限於某一個地方，他們往往是跨地域的神明，包括天后（媽祖）、關帝、梓童、華光等。而對於神明的敕封，除了國家層面的國封之外，還有從道教角度出發的道封，例如龍虎山的張天師就曾敕封關帝，將之納入到道教的神明譜系中。關帝大約在唐代被吸收入道教的神譜，其神格在宋元明清一路提升，《道藏》中也有崇拜關帝的經書——《太上大聖朗靈上將護國妙經》。但無論如何，關帝在道教的神譜中始終是下階的神明。另一方面，有許多地方神明始終沒有被道教吸收，例如香港沙田區著名的車公廟，或筲箕灣的譚公廟，其供奉的車公或譚公仍是純粹的地方神明，完全不見於明代正統年間《道藏》所收的道經。

☯ 第三節　道教的「先天神」

接下來，我們將進一步討論道教中的先天神。道教的神明觀，可以概括為「千真萬靈，皆道氣也」。譬如說元始天尊為「萬化之源，道之玄氣」。據道教神學觀，元始天尊的成形，是在道氣匯聚而成形之後，其中有神名天尊，居玉清聖境。在道教的天地之中，玄、元、始三氣構成了整個世界。元始天尊為道之玄氣，靈寶天尊為道之元氣，道德天尊為道之始氣，所以道教所謂的神也就是道散而為氣、聚而成神。換句話說，道教供奉三清尊神，也就是供奉「道」。

位於三清尊神之下的玉皇大帝的出現，從道衍生而來。自從三氣化生，高出乾坤的地表，孕育了萬物而沒有承載，三才肇立，道氣清高而澄淨，積聚陽氣而成為天。天是萬千事物的本源，豈能沒有主導者呢？用其形象而命名可以稱之為天，以其主宰的職能命名可以稱之為帝王，治理的範圍在一切玄氣之下，而在三界之上崇高的位置，此之為玉皇大帝。

總而言之，三清尊神、玉皇大帝、四御和西王母等上界眾神都是由道氣所化，結形成神，並非由人而成神。故而南宋道士金允中《上清靈寶大法》就對此評論道：三清三境天尊，誰不知道他們是玄、元、始三氣呢，但是氣之匯聚則生成形狀，氣體散開則又重新化為氣，是萬化的源頭，三才的始祖，天地的根基，不可以得而名義。所以道教神學中最基本的一點就是所有的先天神都是道氣所化。《上清靈寶大法》

還說：太上無極大道是萬氣的源頭，是萬般變化的初始，天地之間的事物，各種生靈，都是從大道演化而出。又說：道本身是一種氣，沒有形狀也沒有名稱，這種氣分成三脈，就成為玄、元、始三種氣，虛無的極致是神的誕生，因此有太上三尊。雖然有萬千變化，但是都是從道所演化而出的，而太上三尊，就是道的宗主。

另外，道教神明譜系中佔有重要地位的天、地、水三官，亦為道氣所化。根據道經《大道家令戒》所述，道授上三天三氣，此處的三氣即指玄、元、始三氣——「玄青為天，始黃為地，元白為道也。」由玄、元、始三氣幻化出天、地、水三官。換句話說，天、地、水三官亦是由道氣而生。天官、地官、水官三神監視、檢察、考召及賞罰地上、水中、地下世界的善惡罪過。身為罪罰的檢察官，天官下來降福人間，地官監視地下死者的行為，水官則與水中的災禍有關。在道教的儀式中，道士要為消除人間的疾病和罪過而上章，請天、地、水三官降臨人間，解除疾病和禍患。

請三官的儀式在道教的理解中和道氣有一定關係。請三官的儀式需要上章請神，而道士有一部手冊，可以查詢道民的疾病是由哪位天官所負責，譬如面部和眼部有疾病，就應該上章並且入靜，請五位天明君，兩百二十位官將，在南紀宮下，治療面

▲ 天、地、水三官大帝（明代《御製全真群仙集》）

部的各種疾病；如果腹內消化不良，鬱結生成而感到疲憊，不能治癒，則應該上章啟事，請赤素君官將一百二十人為之醫治；若上氣逆行，腹部絞痛而不能飲食，則應上章啟事請天官五衡君官一百二十人，在太平宮下為其醫治；若家中常遭遇親屬亡故，喪逆注氣，身中刑害，應當請運氣解厄君兵十萬人以治理；如果家中有考訟鬼，以不正之氣，導致不能安穩，則應請五位四胡君，一百二十位官將，在太平宮下治理（參《登真隱訣》卷下）。

值得注意的是，這些神明各自安守自己的本職，行使「解散考讁，消除殃祟，和釋諸所，斷絕注氣」（《赤松子章歷》卷五）等職能。換言之，道士上章所邀請的神明是與其祈請的不同疾病、事情互相對應的。道教的先天神明在神學中有一個很重要的概念：這些上章所請的官將及吏兵，乃是道家三氣應事所感化的，而非天地間的人物。道民因為人世間的各種問題而請求，繼而感應，然後得以解決，一切都是道教的玄、元、始三氣因不同的事，由感應而化為相應職能的神明。此即《登真隱訣》所言：「此精誠發洞，因物致洞耳，所以化氣而成此吏兵也。」所以要了解道教，首先要明白道教如何處理「道」和「神明」的關係。

▲ 上環文武廟

第四節　地方廟宇的道教化

以上介紹了道教中「道」和「神明」的關係，下文將要介紹地方廟宇的道教化。如上文所描繪的現象，在中國社會，許多地方廟宇並不是由道士所打理，也並非因道派傳承而生，但是這些廟宇經歷了道教化的過程。

甚麼叫「道教化」呢？即是指這些廟宇所供奉的神明有部分是屬於道教神明，有部分則不屬道教神明。譬如，香港一些廟宇普遍供奉呂祖，同時也供奉觀音和金花娘娘。這種現象反映地方廟宇的道教化，即廟宇的神明系

廣州市街
碍勝廟
關帝廟 龍王廟
醫靈廟
牛王廟
碍勝廟
三元宮
應元宮
先鋒廟
三帝廟
關帝廟
北廟
二聖宮
紫微廟
東嶽廟
文昌宮
斗姥宮
張仙廟 華光廟
火神廟 真武廟
關帝廟
文昌廟
關帝廟 藥王廟
城隍廟
關帝廟 風神廟
天后宮
文昌宮
華佗廟
關帝廟
月泉古廟
雄鎮古廟
金花廟
金花古廟
洪廟
三界廟
關帝廟
五仙觀
大新古廟
北帝廟 珠光殿文昌宮
天后宮 龍王古廟
天后宮
圖例說明
道光年間已建廟宇

▶ 道光十五年廣州省城全圖七十八座祠廟分佈（以一九四八年《廣州市街道詳圖》為底圖）

統從道教信仰中汲取了養分，道教的神明逐漸演變為其廟宇神明供奉的一部分。

以廣東地區為例，很多村廟都供奉關帝、北帝、康公（即北帝下轄的康元帥）、華光等等道教神明。在道光十五年間（1835）潘尚楫、鄧士憲等編纂《南海縣志》中的「廣州省城全圖」裡可以標示出位置的廟宇有七十八座，統計這些具代表性的廟宇神明可發現，中國傳統奉祀的神祇包括關帝、天后、文昌帝君、華光大帝、北帝（又稱真武、玄天上帝）、呂祖、金花夫人、斗姆元君、洪聖南海神、城隍神、東嶽大帝、海龍王神、土地神、風神、火神、扁鵲、華佗、三界神、馬神、曹主娘娘、急腳先鋒楊四爺、牛王等共三十多位。這些廟宇雖然並沒有供奉三清，但是供奉了許多與道教有關的神明，包括神格較高的北帝和東嶽大帝，同時也有不少道教以外的神明。可見道教作為一個土生土長的宗教，並不排他，而是處於一個獨特具體、擁有中國地方色彩、跨地域的宗教處境。

在中國宗教的發展中，「神道設教」是一個重要的概念。廟宇在社會和宗教活動中扮演了十分重要的教化角色。明隆慶元年（1567）三水縣令鄭孔道為三水縣城隍廟所撰的〈修城隍廟記〉提到民與神的關係：人民安定，神明就會顯現，神與人是相通的，

▲ 廣州花都水口村康公廟

大家都是遵守同一道理，建立廟宇祭祀神明其實就是為了民眾的福祉。這種宗教廟宇的處境並不是道教所賦予的，而是由傳統的廟宇宗教信仰在地方上所扮演的角色決定。所以一個鄉村裡面可能存在兩套宗教系統：第一種是神廟，第二種是宗祠，兩者共同使鄉村的廟宇系統得以穩定延續。宗祠僅維繫了以血緣為基石的社群狀態，但神廟可以發揮另一個層面的作用：促進多宗族的社群的穩定。因此地方廟宇提供了神聖空間，讓居民可以與神明世界溝通，並且舉行祈福、許願、酬神以及禳災、逐疫、卻禍等祭祀活動。

廣東地方廟宇比較常見的有北帝廟、華佗廟、玄壇廟、天后娘娘廟、觀音堂、華光廟、康公廟、三元廟、福善廟、關帝廟、望海觀音廟等等。許多地方廟宇都供奉著多位神祇，譬如香港赤柱觀音廟內的三面神壇就供奉各種神明，包括觀音、黃大仙、龍母、呂祖、天后、玉皇大帝、城隍、土地、五通神、譚公、女媧、太歲、三太子（哪吒）、華佗等。這些神明之間並沒有等級關係，不像道教神譜系統的階位等級分明，說明地方廟宇中不同的神明有不同的職能，扮演不同的角色，因此「一廟多神」的現象非常普遍。這些神廟主辦的慶祝活動多為神誕，例如車公誕、玉帝誕、土地誕、洪聖誕、觀音誕、北帝誕、三太子誕、天后誕、譚公誕、五通誕、龍母誕、城隍誕、武帝誕、侯王誕、黃大仙誕等等。

正一派火居道士與廟宇神誕活動的密切關係，我們可以澳門正一派吳慶雲道院為例。直至今天，大大小小的中國民間神祇廟宇遍佈澳門境內，廟宇亦多在祝賀神誕活動中僱請火居道士做醮事儀式。澳門吳天燊（1929-2015）道長曾向筆者介紹，其祖父吳致和（1869-1927）於光緒年間在澳門開設了吳慶雲道院，其父吳錦文（1903-1972）在民國二十六年（1937）繼承後經常承接廟醮法事，例如三街會館的關帝醮、康公醮、哪吒醮等廟會法事。吳慶雲道院的科儀文檢可作為澳門火居道士與地方廟宇神誕節慶之間關係緊密之例證。

吳天燊道長保存著清同治時期以來澳門火居道士習用的各類齋醮科儀文檢。例如光緒年間由澳門周耀池道院周貫一（道號昇真）道長手抄的各類神誕通用的醮儀文檢《岡陵獻頌》，記錄了由火居道士主持、為澳門眾多廟宇舉行的各類慶祝神誕儀式的榜文，包括龍王寶誕、天師寶誕、重陽王帝君寶誕、福祿壽三星寶誕、華光寶誕、龍母寶誕、城隍寶誕、東嶽寶誕、洪山三聖公寶誕、金花夫人寶誕、禾谷夫人寶誕、關帝寶誕、觀音寶誕、玄天上帝寶誕、玄壇寶誕、康公真君寶誕、七姐寶業誕及天后寶誕等。《岡陵獻頌》記錄最早廟醮的祝文為〈同治十二年（1873）八月十八日寅時澳門祖師廟入伙祟陞恭賀祭祀祝文〉。

此外，整部《岡陵獻頌》還記錄了不同月份承接廟醮神誕的榜文，如〈九月廿八日誕華光大帝榜文〉、〈五月初八日誕龍母元君榜文〉、〈七月廿四誕城隍主宰榜文〉、〈二月初六誕東嶽大帝榜文〉、〈四月初八誕洪山三聖公榜文〉、〈四月十七誕金花夫人榜文〉、〈二月十九誕觀音菩薩榜文〉、〈三月初三誕玄天上帝榜文〉、〈五月十三日誕武帝榜文〉、〈七月初七誕康真君榜文〉、〈三月廿三日誕天后榜文〉等。正一派

▲ 澳門吳慶雲道院吳天燊道長

火居道士不僅與廟醮神誕的法事有聯繫，每當地方廟宇重修落成、土神安尊、神像開光之時，火居道士都會受廟祝延請，前赴該廟，虔修道場法事，以酬神恩。

地方廟宇一廟多神宗教功能滿足了民眾生活和生命中的不同需求，如出生、疾病、婚姻、精神困擾、家庭和宗族成員之間的衝突等等。因此，地方廟宇在社會中發揮著凝聚社群力量的功用，是中國地方社會穩定的重要支柱。在傳統中國村落社區，祠堂和村廟是地方民眾祭祀和信仰生活的中心組織。一方面，在以宗族群體血緣關係為中心的祠堂內展開的祭祀活動，主要是舉行祭祀先祖的儀式；而另一方面，由幾個姓氏族群聚居而成的鄉村社區裡面，地方神明的祭祀和崇拜活動就成為整個社區的信仰活動，環繞村廟神明祭祀信仰的傳統社區就是一個建立在地方神明崇拜基礎上的共同體。

一廟多神中「多神」是重要的，如果神明系統中的神祇互相排斥的話，就很難起到凝聚的作用，這正反映了中國宗教的多元與包容。如今，西方宗教的困境之一就是難以調和多元差異，如果從一元一神的角度來看待差異，必然產生衝突；其絕對的價值系統只能起到征服作用，即將他者歸入「我」。而在中國的宗教傳統中，多元和差異向來是共存，因為村落本身就存在著血緣、土地分佈等各種各樣的差異關係。

通過地方廟宇，我們可以看到道教的滲透程度，以及民間化、習俗化的情況。我們了解道教，不能單單從道派、道士和道觀的角度，而應該從更廣闊的視角來審視——即道教在中國的社會和文化中已經成為了日常習俗中有機的組成部分，並徹底融入地方社會之中。例如地方廟宇雖然供奉道教神明，卻不是道士所管理，但其宗教儀式活動的主要主持者則可能是擁有道士身份的神職人員，這就是上文所說的地方廟宇道教化。香港長洲地區每年一度的太平清醮便邀請火居道士舉行道教儀式，為整個長洲島的居民酬謝神恩，祈福許願。

第五節　民間廟宇的道教神明崇拜

接下來，我們以北帝信仰為例，介紹民間廟宇的道教神明崇拜。有些學者並不是從民間廟宇道教化的角度來審視北帝信仰的普及這一現象，而是從國家影響地方這一角度來看待問題。比如有一種觀點提出：「珠江三角洲地區北帝信仰在明代成為一種重要的民間信仰，是當時（國家）正統文化規範向地域社會滲透的一個重要結果。」依據這種觀點，民間的北帝信仰在相當程度上是明王朝統治延伸的象徵。這樣說來，香港長洲地區供奉北帝的現象，或許可以理解為王權通過北帝這一個信仰符號在地方上（長洲）發揮統治的功能，民間的北帝信仰是「民間將國家祀典或政府提倡的神明接受過來，並改造成為民間神」的過程。

不過，筆者並不完全同意這種看法。從現象上來看，中國很多地方——譬如珠江三角

▲ 佛山祖廟北帝神像

▲ 香港灣仔玉虛宮

洲一帶——有許多供奉北帝的廟宇，佛山地區就有一座規模龐大的祖廟，廣州荔灣區亦有為祭祀北帝而建的仁威廟。上文追述北帝信仰的形成——從北方七宿的玄武信仰，發展到真武乃至玄天上帝的崇拜，不單單是個別朝代將王權符號地方化的簡單過程，而是道教神明信仰不斷發展和積累的結果。北帝信仰之所以成為一種重要的民間信仰，除了可能是官方祀典正統文化規範向地域滲透的結果，道教本身的北帝信仰、科儀和北帝符咒道法也起了重要的推動作用。

元代道士劉道明所著的《武當福地總真集》稱宋代真武封號累加至二十四字，即：「北極鎮天真武佑聖助順靈應福德仁濟正烈協運輔化真君」。將真武封號由宋代封的「真君」升格為「玄帝」，最確切的年代是元成宗大德八年（1304），當時朝廷加封玄武為「玄天元聖仁威上帝」，簡稱就是「玄帝」。自元代開始，民間的「玄帝」廟祀更為普遍。明朝崇祀玄武，比諸宋元兩代，更有過之而無不及。明成祖在永樂十三年（1415）頒敕〈御製真武廟碑〉稱：「惟北極玄天上帝真武之神，其功德於我國家者大矣。」成祖奉祀玄帝的熱忱程度，表現在他把玄武提升至明朝國家保護神的崇高神格地位，其影響見於成祖在玄帝修煉和顯聖之地武當山大規模地修建道教宮觀一事，全國性的武當山朝聖進香習俗也由此衍生。

綜上所述，北帝的信仰在道教的神明譜系中延續發展，並成為獨立的信仰系統，所以這並不僅是明王朝國家推廣的結果。時至今日，山西芮城永樂宮仍然可以看到元代的真武壁畫。總之，中國宗教的社會處境告訴我們，地方廟宇和道教有著非常密切的關係，尤其是地方廟宇供奉道教神明的現象非常普遍。不過，我們不能簡單地將地方廟宇和道教劃上等號，而應在地方社會的環境中具體分析相關現象的傳承和變化。

☯ 第六節　道教科儀與中國民俗生活的關係：以打齋道場及太平清醮為例

正如筆者時常提出，土生土長的道教在中國人的生活中，往往不是通過教義作為傳教的媒介，因為它不需要改變中國人的宗教信仰而強求信者皈依；反之，道教是通過高度習俗化的儀式在人的生老病死等重要時刻發揮安撫的宗教作用。生與死是人類生活的一個重要議題。

要了解道教本身的存在狀況，除了通過認識教職人員和道派之外，還有和中國人日常生活的關係這一角度。下文將介紹道教儀式如何融入中國人的日常生活習俗中，以及這些習俗怎樣體現出道教的滲透程度。如果用今天西方宗教信徒的概念，即以是否為「道教徒」這一問題切入的話，仍然無法理解道教，也看不到道教在中國人的生活和社會中所扮演的角色。與此同時，現代西方的「宗教」（religion）概念往往強調世俗生活以外的才是宗教的神聖領域，但這種宗教觀也不符合中國的傳統觀念和道教的特點。道教可以透過世俗而與神聖相遇，例如殯儀館的靈堂有許多道教信仰元素，也有喪家成員、親友、道士、堂官禮生等參與喪禮儀式，甚至有一些看似喧鬧的成分。那麼如何從「喧鬧」中看清中國的宗教信仰和宗教性質呢？下面將會詳細介紹。

作為中國土生土長的宗教，道教的齋醮儀式長久以來與地方社群的習俗生活建立了密切的聯繫。道教將其與民眾禍福命運有關的宗教信念落實於齋醮科儀的實踐中，它並沒有——也不需要——從齋醮中提取出一套神學或教義性的說法來讓群眾信服。在中國民間社會，道士主持的齋醮科儀非常普遍和盛行，無論是拔度性質的齋法，抑或吉慶性質的醮法，都和民眾的日常生活聯成一體，成為生活習俗的一部分。但反過來說，如果沒有道教方面的知識，就無法了解齋醮儀式和道教的內在關係。由於現代人不了解道教文化知識，因此大部分人根本無法明白如今殯儀館中「打齋」的意義，包括喃嘸先生所請的神明與道教傳統的關係。所以如果不明白道教已經與日常習俗融為一體，就領會不到諸如殯儀館打齋等儀式行為中的道教信仰部分。

通過掌握道教的科儀知識，可以進一步理解「齋」和「醮」的含義，以及日常打齋和打醮中的道教內涵。打齋和打醮的宗教意義何在？一年一度或數年一度的村落打醮儀式活動，為何一定要請道士來施演？佛僧或者平日打理廟宇的廟祝無法承擔嗎？簡單來說，這兩種道教儀式一陰一陽，分別是「度死」和「濟生」，即處理死者的世界和生者的世界。對道教而言，陰陽兩個世界都需要照顧，所謂「陰不安，陽不樂」，而「齋」正是超度幽鬼，拔度亡魂，即安撫陰間；「醮」則是設壇以酬祭神明、謝恩還願、降福禳災、除疫驅邪。譬如「太平清醮」這個名稱對大家來說可能並不陌生，「太平」是醮儀的最終目的，「清」則為醮儀的態度——潔淨虔誠。「齋」和「醮」是道教科儀的兩個基本概念。

首先介紹「齋」的意思。齋在道教的科儀傳統中是指懺謝罪愆，拔度死魂，即通過亡魂自身的懺悔將罪過拔除，使之得到超度，齋的思想也代表了道教的拯救神學。如唐代道經《太上洞玄靈寶往生救苦妙經》中記載，弟子不論男女，心懷一念，發心精進，經歷了七日七夜，食蔬守長齋，到了第十個齋日，一日之中十二個時節都需要燒香行道。請諸道師建立道場，點燃四十九盞燈，懸旛蓋，轉讀《太上洞玄靈寶往生救苦妙經》，一晝夜之內重複七遍，並懺悔七日七夜。這樣的話，弟子的七祖父母、過去亡人的宿業罪根都會得到消除。

道教通過打齋的儀式來完成對亡魂的拯救。先人的死亡對於生者而言至少有兩個層面需要關注：一是死者的屍體如何處理，這與道教打齋的儀式並不一定相關；二是處理亡者死去以後何去何從的問題，以及在那個未知的世界中是否有確定的方向與歸屬，而這就是要邀請道士來做打齋法事的原因了。所以，「喪」和「葬」是兩件事，葬是處理屍體的問題，然而屍體是否能入土為安則是一個宗教層面的問題，而不單單是物質上的問題。

這一點在香港習俗化的喪葬儀式中表現得尤為明顯。道士在靈堂負責的儀式並非葬禮，而是為了解決拯救亡魂的問題。事實上，在葬禮的大殮環節中，道士反而沒有

▲ 陰間判官（香港新界太平清醮）

發揮的職能，而在前一夜的「破獄」、「散華」、「施食」等打齋儀式環節中，道士所承擔的就是拯救亡者的超度法事。在香港的殯儀館中，大多數喪儀是通過道教的儀式來完成的，但是這並不能運用現代西方宗教觀念中所預設的「共享宗教信仰」的理念來解釋，例如說被僱用來施行儀式的喃嘸先生並不代表他和主家具有共同認信的宗教教義。這一點與基督教傳統中牧師為其教內信眾主持喪禮極為不同，這也體現了道教儀式在喪葬禮俗中習俗化的一面。

如今香港仍然保留著許多道教儀式：一方面在道堂和道觀裡舉行的儀式毫

▲ 香港正一派道士打醮儀式

▲ 香港新界太平清醮道教三清法壇

無疑問是屬於道教的；另一方面，存在著許多在道觀以外舉行的道教儀式，包括新界圍村裡的太平清醮、市區內的中元法會（不過這類超度孤魂野鬼的儀式也有來自佛教，即由僧侶施演的盂蘭法會），以及上文提及的殯儀館打齋超度法事。

接下來簡單介紹「醮儀」。關於一場道教醮儀的詳細節次，在此我們不可能逐一詳細介紹。然而，俗話所說的「照本宣科」，就是指道士必須根據科儀經本來舉行儀式，由此可以看出醮蘊含著清晰的儀式規範。今日太平清醮儀式中的架構邏輯，全部都可以在道教的古老儀式傳統裡找到根據。醮儀的目的主要有二途：祈求與還願。一是出於地方遭逢災變不安，於是鄉民舉行大規模的祭典，以供物祭祀天上眾神明，祈求辟厄禳災、合境平安；二是由於天神有驗，合境平安，因此特設醮儀告謝天地，酬神謝恩。

道教信仰的普遍性、地區化、滲透性、民間化等特點在香港新界鄉村的醮儀中得到了充分體現。打醮在香港的分佈非常廣，至少有三十多處村落，包括廈村、錦田、吉澳、荔枝窩、龍躍頭、大埔頭、元朗、蓮花地、沙崗圍、林村、沙田九約、田心、大圍、粉嶺、石澳、屯子圍、塔門、高流灣、大埔泰亨等地區，村民會邀請道士為

▲ 香港新界屏山太平清醮

全村的福祉向神明祈求護佑。直至今日，這一傳統在香港仍然得到保存，並沒有因為香港社會的高度商業化和現代化而淡出。事實上，這正可以說明，我們眼中的世界只是人生很小的一部分，當中所發生的一切並不能全部依靠理性的手段來解決，許多時候都需要宗教的介入以及依靠信仰來處理俗世人生的各種問題。

特別值得注意的是複合型的打醮儀式。毫無疑問，這種複合型的打醮儀式包含了道教齋醮科儀的傳統，也涉及地方廟宇神明祭祀的傳統。也就是說，在太平清醮的儀式當中，不僅有普世的道教信仰，同時也有地方的神明信仰包含其中，並且還涉及祖先崇拜傳統和儒家的宗族禮教傳統。這說明了道教作為中國的傳統宗教信仰，具有其主體意識，但同時相當開放和包容。打醮儀式的道教信仰部分主要是道士立壇上章的醮祭儀式。在太平清醮中，道士的地位是無法由其他宗教神職人員代替的，村民信任並委託他們去代表全境人民藉醮儀答謝神恩。

香港新界鄉村建醮祭神的儀式基本是以道教儀式為中心，道教化的鄉村建醮儀式由專業的道士前來主持，按古典科本的科法次序，啟請天上眾神明蒞臨醮壇，以達祈福禳災之願。我們既可以說太平清醮的儀式具備濃厚的道教色彩，也可以說這些道教儀式已經完全滲透在地方傳統之中。

太平清醮的另一個宗教信仰系統是本鄉社廟裡奉祀的列位神祇及各圍村的土地神。從道士及其科儀內容的角度而言，這個地方神祇系統是居於次要、邊緣的地位。行儀道士只是在醮期中每天的早朝、午朝和晚朝儀式向這些本境神祇獻供，至於在其屬於道教傳統的儀式過程中，這些本境神祇都不是受奏請及供奉的主要對象，由道士負責的主要儀式也不是在祭祀本境神明的神棚裡舉行，而是在供奉道教三清尊神的主壇舉行。不過由於這些神明和村民的生活息息相關，因此在打醮儀式的過程中，本境神祇會同樣接受鄉民供奉。譬如在新界大埔泰亨鄉的太平清醮中，地方神祇系統包括了四類：各村各處的土地福德正神十七位，社神三位，本鄉供奉的廟神，即金花娘娘、福德神（土地）、觀世音菩薩、天后元君等五位，以及文氏宗族祠堂的先世祖先。這裡需要指出的一點是，主要目的是謝神的打醮儀式，也有一兩個環節是超度本村的祖先。本來從醮儀的傳統來說，「陰事」與「陽事」應當分開，不過就香港的太平清醮而言，有些村落會一併超薦自己的祖先，借吉事法會使自己的祖先得到庇佑。

結語：複合的中國宗教習俗

本章希望通過太平清醮的例子來說明道教的地方化和習俗化特徵。在建醮儀式的不同階段，道教醮儀系統、地方神祇祭祀系統，以及地方儒教士紳組織等之間產生了中心和邊緣之間的流動，這正反映了中國人宗教生活的豐富、互動和包容等特徵。簡單來說，在打醮的整個過程中，道教科儀的部分是以道士和道教的元素為中心，而在醮場的其他戲棚等空間中，地方神明等元素則佔據了中心地位。

綜上所述，從太平清醮的道教儀式而言，我們可以說道教傳統一直在民間社會延續和發展。當中，習俗化的拔度亡靈、追薦祖先的齋法、普施孤魂的中元法會，以及吉慶性質的建醮等道教儀式，依然在都市和鄉村的生活習俗中延續下來。縱使香港經過西方殖民地統治而發展成現代化、國際化城市，道教禮儀傳統在香港多元化的華人社會裡仍然具有深厚的基礎，並且普遍存在，在整合生死禍福、超越苦難的終極問題上持續為華人提供解脫的方法和答案。

第四章

在家信眾的道教傳統：呂祖道壇與扶乩信仰

☯ 第一節　宮觀道教、火居道士與在家信眾的道教傳統

了解道教不能離開它的載體，這個載體的主要代表就是宮觀，此為第一、二章講解的主旨。這兩章以宮觀和宮觀道士為核心，講述道教信仰的傳播，今日所說的道教教職人員主要指宮觀裡的出家道士，以及非出家但與宮觀有關、或者與宮觀的道教生活有密切關係的道士。目前中國（包括香港）道教的宮觀，不完全由出家道士駐觀，非出家才是大多數道士的實際狀態。

第三章談到道教在地方社會的狀況，說明地方火居道士與民間宗教習俗、生活之間有非常緊密的關聯。例如今日香港長洲的太平清醮，道教在這一活動中扮演著頗為重要的角色。道教的齋醮儀式與地方社群的習俗、生活建立了非常密切的關係，如果我們對道教知識、概念沒有清楚的認識，就很難在生活中區分何為習俗，何為道教。不單是醮儀，齋儀也一樣。在殯儀館，喃嘸先生進行的打齋儀式便是道教儀式的一種，但這種道教性質很少被齋主所認識。上一章曾經提及，大部分在民間開展道教儀式活動的火居道士是正一派道士，他們跟中國傳統社會的密切關係已經使道

教成為中國地方習俗中不可缺少的儀式傳統。

第三章的重要之處是指出道教信仰在宮觀以外傳播的一面。通過道教神明被列入地方廟宇，或者說「地方廟宇的道教化」，可以看到道教信仰的滲透力和習俗化，這是普遍存在於中國地方社會的宗教現象。地方廟宇的道教化，可以通過廟宇中的節誕、開光或中元法會等來觀察。如果把道教信仰的傳播比作一個光譜，道觀和地方廟宇可以看做是光譜的兩端。

在介紹扶乩之前，我們需要知道無論是出家道士，還是在地方廟宇裡進行道教儀式的火居道士，都有一個共同點，就是在道教的信仰世界裡，扮演人、神間的中介角色。在道觀神壇、鄉村醮壇，以及殯儀館的齋壇中，道士不斷透過神聖和莊嚴的儀式行為，以唱頌、宣誦、密咒、步罡踏斗、存想等儀式動作，代表祈求者向天界諸神上章奏表、酬神祈福和拔度祛罪。延真降靈，啟請天上眾神祇臨壇，共鑒至誠——道士擔當的就是這樣一種通過嚴謹清晰的儀式步驟，去溝通人、神、鬼三界的宗教角色。所以本書一開始便強調，道士是人、神、鬼三界的溝通者。

本章主要介紹在家信眾組織的道壇。明清以來，道教出現一種新的發展趨勢並形成新的存在形式，學界認為這與明清社會的轉變相呼應。即是道教第三種重要的存在形式，並不是以道士或者道觀為中心，而是道士以外扶乩道壇的信仰群體。我們將在本章討論這種道壇在道教傳統中的發展。

道教以科儀立教，從明代《正統道藏》可以看出，作為神、人之間的溝通者——道士，自六朝到明中葉，在所有祈福齋醮中都扮演著十分重要的角色。他們掌握系統的儀式知識，是儀式進行過程中宗教權力的擁有者與施行者。當然，在道教傳統中，誰能被賦予溝通神、人的宗教角色，是由道教內部傳度系統和官方度牒制度共同決定的，不是每個人都可以擔當道士的角色。在道教授籙、授戒系統裡，清楚地記錄了哪些人取得了這些資格，他們就是受籙、受戒的道士。然而這樣的道士對道教經典知識的壟斷，從明代中期開始受到挑戰。自明末清初至當代中國，道教出現第三種存在形式：以皈依弟子和信眾作為聚合中心而組成的道壇或道堂。一群在家信眾共同信仰某位道教神明，一起進行扶乩的宗教實踐，進而逐步組成道壇或道堂。這種由在家信眾所組成的道壇，不能在我們對道教理解的這個光譜中缺失，它們對近現代道教的發展，發揮著非常重要的作用。

▲ 香港呂祖道壇善玄精舍

第二節　扶乩與道教

一、扶乩

目前來說，扶乩在中國內地是被禁止的，道教協會或道士亦不認為扶乩屬於道教的宗教生活和宗教運作的範圍。因為從民國到現在，扶乩都被標籤為「迷信活動」，但在香港、臺灣、東南亞等地，道教信眾群體同神明溝通，不僅通過道士上章奏表，也會經由扶乩進行。鸞生（俗稱乩手）手扶乩筆接收神明的訊息，並在沙盤中呈現出來。乩手收到訊息後會讀出來，由旁邊另一人記錄。

扶乩的「乩」字，其實是筲箕的「箕」字之俗寫。扶乩又稱「扶鸞」，是道教信徒請示神明的宗教方法。最初以箸（即筷子）插箕上，侍者扶著移動的箕，使箸在沙盤上寫字，毋須筆墨。後來改箕為一丁字形木杆，架在沙盤上，插筆於杆垂直的一端，由一人或兩人扶著架子，依法請神，筆就在沙盤上書寫出文字，作為神明的指引或啟示，顯明吉凶。通常所說的「扶鸞」或「飛鸞」，就是扶箕，意指天上仙真駕鳳乘鸞，為求問者開化啟教。

左邊所附的圖片清楚地展示了「扶乩」的過程，記錄了香港一所道壇——萬德至善社進行扶乩活動的場景。

本書第一七四頁另一幅圖是香港另一所道壇——省善真堂，位於九龍塘。壇內使用的乩盤和乩筆，與左面兩幅圖中的類似。乩筆也是一個丁字形木杆，木杆末端有一枝垂直的木筆，乩手向上界神明傳達求問者的問題，並書寫神明的回覆。但省善真堂的報乩形式與前述的略有差異，乩文不是由乩手而是由第二位弟子讀出，第三位弟子則負責抄錄乩文。

▲ 乩盤（香港萬德至善社）

▲ 扶乩（香港萬德至善社）

此外還有第三種扶乩形式：在筲箕上繫乩筆，由兩位扶著筲箕的弟子做乩手，由另外兩位弟子一起報乩，互相驗證乩文準確與否。

二、扶乩與道教

扶乩是不是等同於道教？是不是從道教中產生？事實上，我們不能在扶乩與道教之間劃上等號。道教從六朝到明中葉，一直堅持不拜祀死魂，不殺生，不行血祭。道士不會請陰間的鬼魂上來與生人接觸（例如問米帶亡的作法），因為道教認為陰陽異路，兩界應該分開。今天有些人將火化的骨灰盒擺放在陽宅屋裡，從中古道教的角度來看，這行為並不合適。

神、人、鬼各有界限，三界之間的溝通者是道士，只有道士才能夠擔當中介者的角色。這種人、神溝通的結構從六朝到明中葉一直不變。明朝第四十三代天師張宇初（1359-1410）撰《道門十規》明確提出道教不接受扶乩等法術：「又等圓光、附體、降將、附箕、扶鸞、照水諸項邪說，行持正法之士所不宜道。」扶乩應該算是善信直接與神明溝通的宗教活動。扶乩者不能稱作道士，他們沒有受籙，亦沒有受戒。

▲ 扶乩（香港省善真堂）

他們只被稱為鸞生（乩手），但卻能接通呂祖或其他上界神明，如玉皇上帝、斗姆元君、玄天上帝等。

扶乩這種信仰行為，在明中葉以前的道教傳統中並不是主流。明代以前，道教修煉和經本知識僅在教內流傳，但自明清以來，社會生活與知識結構一直在改變，道教知識的傳承模式也隨之而變，道觀或道士以外的扶乩道壇信仰群體盛行，影響到後來《呂祖全書》、《道藏輯要》等經籍出現的方式和地點。在明清兩代道教的發展中，道士已經不是唯一的道教知識的傳承者，道教各種修煉知識已被文人精英知識分子所掌握和傳播。同時，大量道教經籍在道派內部圈子之外流傳，由民間書坊刊印與發行，也加速了道教信仰的傳播。

三、香港道教的扶乩傳統及其源流

香港的扶乩道壇是在二十世紀四十年代由廣東珠江三角洲的祖壇傳入，大部分道壇由文人、商人組成，他們信奉呂祖，結社行善，刊印善書，進行扶乩活動。事實上，現在香港許多道壇的宗教性質和社會活動仍然承繼著抗戰前廣州慈善社的道壇傳統，比如前文提到的省善真堂、青松觀等。例如香港抱道堂前身廣州橫沙鄉呂帝廟，最晚到一九〇一年，已經是廣州非常重要的一個呂祖扶乩道壇。呂帝廟裡有一塊碑，實乃呂祖降於光緒二十七年（1901）辛丑冬月十六日的乩文。碑文寫道：

純陽子飛鸞渡世久矣，三子奉純陽子亦有年矣。辛丑暮春，疫初作，叩諸鸞以治疫。及夏而疫氣流行，三子寢食幾廢，懼不能應遠邇之求，問計於純陽子，純陽子復示以三子佐之，四易月而活人數百。三子商於鄉之紳老，思擇地以祀純陽子，純陽子示以海之濱財神廟後吉處，並示圖式。諏九月啟工，迄冬節而工將竣，純陽子撰數言，不事雕琢，紀實而已，並命將倡議簽助姓名列於序後。

光緒二十七年辛丑冬月十六日。

純陽子乩序。

（黎志添、李靜：《廣州府道教廟宇碑刻集釋》上冊，2013 年，頁 641-642）

上述碑文的大概意思是純陽呂祖通過降乩渡世已經很久了，三位橫沙鄉信教弟子敬奉純陽子也有些年月。辛丑年的暮春，瘟疫剛剛開始流行，他們扶乩以求呂祖降下乩文幫助治疫。到了夏天，疫氣更加流行，信徒廢寢忘食，害怕不能滿足遠近民眾的需要，向呂祖請求乩示，呂祖再次降乩，讓三位信徒輔佐，經過四個月，被救活的人達數百。三位信徒與鄉紳老者商量，希望擇地建立廟宇以祭祀純陽祖師，呂祖乩示以海濱財神廟後的吉祥之地作為廟址，並告示建築樣式。九月開始建造，到了冬至，工程即將完成。

第二個例子是香港主流道壇之一——信善壇的建立。壇中第一批弟子於民國二十四年（1935）創建純陽教呂道會信善壇。一九四六年信善壇在澳門建立了分壇。信善壇的主要創辦人是李樂民（道號藻信）和黃春華（道號藻善），他們不是道士，而是信

▲ 澳門信善壇（1946 年）

奉呂祖的弟子。《為善最樂》一書的開篇載有李樂民的序，自稱從幼年時便秉承家中訓導，每月初一和十五都會茹素誦經，以心行善，信奉教義之後，也沒有忘記這些家訓。他於童年就積極投身道教修煉，成年後為了養家糊口，只能前往梧州經商。作為商人，難以遵守持齋的飲食戒，但他並沒有失去持身修道的志向。

到了民國乙亥（1935）秋季，他和友伴談及扶乩、詩仙問事的活動，眾人都認為可以依靠誠意而嘗試施行。有幸得到呂祖降於乩壇，他們提出的各種疑慮，都獲到靈驗的解答，詢問治病的方法，病人能迅速得到痊癒，由此可見真正的道是沒有荒謬之處的。因此，他愈加信奉呂祖。後來又以三頂禮懇求呂祖，願皈依道教，果然收到呂祖的乩示，讓其成為信徒，於是李氏朝夕誠心誦經，懺悔一切，心靈備受感化。李藻信得以實現最初的願望，依靠的是其精誠之心的感化力量。

然而信善壇的扶乩進行得並不順利。起初，李樂民和黃春華叩問呂祖，只能夠明白乩文的一部分，仍然不能參透其中的妙諦。每當問事求教，醫病開方，若扶乩所得的文字有不認識或不明白之處，他們便會再次叩問呂祖，尋求解釋，幸而最終都得到明解。信善壇還會依次請下八仙、李白、翠湖真人等眾仙神，對所問的事情的解答亦多有不明之處。據說有一天，李樂民正好經過廣州海珠路，購得一本《呂祖真經》，潛心研讀，頗有會心之處，扶乩的技巧亦日益進步，信善壇道堂制度因而得以確立，並定下乩壇字輩：「藻明揚展嘉，永聯秀發祥」，李樂民取道號「藻信」、黃春華為「藻善」，信善壇的「信善」即分別取自二人道號的第二個字。

☯ 第三節　呂祖信仰與扶乩

一、呂祖信仰緣起

依清代《呂祖全書》，統稱呂洞賓為呂祖。呂祖信仰在海內外，包括香港、臺灣、東南亞等地都非常普遍。有一部系統介紹呂洞賓生平和仙跡的道書，是元代全真教道士苗善時（活躍於1288-1324）編著於一三二四年左右的《純陽帝君神化妙通紀》。據卷一〈瑞應明本第一化〉所記載，呂洞賓，本名呂嵒，字洞賓，在唐德宗貞元十四年（798）四月十四日降生於河中府永樂縣。從公元八世紀開始，到元代出現呂祖仙跡的結集期間，中國地方社會的呂洞賓信仰已經有所發展。北宋宣和元年（1119）七月，徽宗下詔賜封呂仙翁為「妙通真人」即是一個證明。宋代呂洞賓信仰在道觀、道派中得到發展，並且非常多元。除了是一位修煉道教內丹術的祖師，呂祖的形象在小說、繪畫、戲曲中有多個面相。

從全真教宮觀中神明的陳設可以看出，呂祖是道教所信奉的重要神明。呂洞賓信仰在元代經歷了國家化的過程，元代以全真教為全國道教的管理者和推行者。而且全真教將呂洞賓提升為全真教傳承體系五位祖師的第三位（全真教五位祖師，依次為東華教主王玄甫、正陽鍾離真人、純陽呂真人、海蟾劉真人及重陽王真人），呂洞賓因而得名「呂純陽祖師」。至元六年（1269），呂洞賓被賜封為「純陽演正警化呂真君」，至大三年（1310），被晉封為「純陽演正警化孚佑帝君」。

進入清代，呂洞賓的神格地位一路提升。嘉慶九年（1804），國家賜予呂洞賓的封號增添了「燮元贊運」四個字，即「燮元贊運純陽演正警化孚佑帝君」，禮部同時勅令各省直地方通祀呂祖。此次冊封是因為嘉慶初年，江南地區河水氾濫，影響到由南到北的整個漕運系統。江蘇淮安府清河縣清江浦正位於大運河上，由於清江浦的河口淤塞及水淺，造成了漕運阻塞，當地官民祈求孚佑帝君護佑，後「河口即得通順，靈感昭著，信而有徵」，因此之故，他們上奏請求崇封呂祖，懇加封號。朝廷遂將呂祖列於祀典，嘉慶皇帝加封「燮元贊運」。由此，呂祖信仰正式納入國家祀典，國家第一次在全國為呂祖立廟。從北宋至今，呂祖信仰已歷經了一千年的發展，是不能忽視的一個道教神明信仰。

▲ 南海西樵雲泉仙館呂祖神像

▲ 南海西樵雲泉仙館贊化宮

二、呂洞賓與呂祖

鍾離權度化呂洞賓的仙傳傳說稱：呂洞賓遊長安時，在酒肆憩息，遇見鍾離權，不知不覺入夢，在黃粱夢覺醒之後，鍾離權就對呂洞賓說：「黃粱猶未熟，一夢到華胥。」這便是經典的鍾離權度化呂洞賓的「黃粱夢」故事。在鍾離權考驗、度化呂洞賓之後，呂被告知鍾師在天界已晉升為「九天金闕選仙使」。同時，鍾離權亦囑咐呂洞賓於人世間修功立德，在「三千功滿，八百行圓」之後，可仿效師父一樣升天。但呂洞賓卻回答說：「岩之志，異於先生，必須度盡天下眾生，方上昇未晚也。」

這個傳說正好說明呂洞賓信仰盛行的原因。與其他道教神明信仰不同，呂洞賓信仰建立了一種神明與受度者之間的個人關係。呂洞賓說，我要「度盡天下眾生，方上升未晚」。他怎樣度盡天下眾生呢？其方法是於世間顯跡，點化世人。今日香港黃大仙祠有求必應的秘訣也在於此。道教很多先天神信仰沒有建立這種個人化的人神關係，但是在呂洞賓信仰裡，問者求問，呂洞賓即隨事方便進行點化。佛教的觀音信仰與此類似。因此可說，呂洞賓信仰內涵裡包含了這種獨特的個人化關係。

呂洞賓的顯跡度化故事在北宋時期開始流行，許多筆記小說有載，比如陶穀（903-970）的《清異錄》、陳師道（1053-1102）的《後山談叢》、江少虞的《宋朝事實類苑》（作於1145年）、張舜民（1034-1110）的《畫墁集》（作於1082年）等。

在道教神仙信仰裡，呂洞賓的形象最為豐富，除了文人隱士、內丹術士之外，還被描繪成預言者、算命者、製售墨者、藥販、製香者、磨鏡者、修鞋匠，甚至是乞丐。他善於變化形象來度化不同行業及不同社會階層的信眾。同時，呂洞賓信仰的民間地方色彩也非常突出，很多豐富有趣的故事皆以呂洞賓為主人公。現知最早篇幅較長的呂洞賓傳記收錄在北宋末年范致明（1100年進士）的《岳陽風土記》中，該傳記作於崇寧三年（1104）：

> 先生名呂岩，字洞賓，河中府人，唐禮部尚書渭之孫。渭四子：溫、恭、儉、讓。讓終海州刺史，先生海州出也。會昌中，兩舉進士不第，即有棲隱之志。去遊廬山，遇異人，授劍術，得長生不死之訣。多遊湘潭鄂嶽間，或賣紙墨於市，以混俗人，莫之識也。

從北宋起，民間開始供奉呂洞賓，為其立祠建廟。洪邁（1123-1202）《夷堅志》記載了一則南宋乾道元年（1165）的故事。一個以賣紙墨為業的貧窮人傅氏，在其屋後小閣，設呂翁像以敬事之。

另一個著名的故事發生在北宋元祐末（1094），安豐縣（今安徽省）一位貧窮的娼女曹三香得了惡疾，但當衣衫襤褸的呂洞賓來訪時，她慷慨地接待了他。之後呂洞賓醫治曹三香，過程中不斷唸著「回心」，結果她的疾病立刻痊癒。後來曹三香開始認識到「回」字就代表呂氏，於是離家尋找呂洞賓拜師。在曹三香的病痊癒時，舍門外一棵久已枯死的皂莢樹再活過來，樹木生長出枝葉，看起來鬱鬱蔥蔥。因此之故，邑人於其地建立呂真人祠。這個呂洞賓度化娼女的故事亦記載於元朝全真教道士苗善時編寫的《純陽帝君神化妙通紀》，這是一部收集呂洞賓神化事蹟的文集。

山西省芮城縣永樂宮純陽殿內，四壁存有元末至正十八年（1358）繪製的五十二幅關於呂洞賓仙傳的壁畫，其中有三十七幅的榜題寫明故事出自苗善時的《純陽帝君神化妙通紀》，但字句較為簡略，應是刪節該書文字而成。

元朝全真教大行其道，作為開派教祖，呂純陽帝君成為自太上老君、東華帝君、鍾離權以來全真教道統的祖師。元代苗善時《純陽帝君神化妙通紀》收集的以全真教信仰為中心的呂洞賓顯化度人故事多強調修真得道者要精修成證，必須棄家從道、苦行修道、修煉內丹術，其中修煉性命雙修的內丹術乃是全真教呂洞賓信仰的中心和基礎。

除了全真教《純陽帝君神化妙通紀》，明朝永樂二十年至萬曆十一年(1422-1583)的一百六十年間，已經有關於呂洞賓仙跡故事的結集，在中國各地至少出現五種《純陽呂真人文集》的重刊本。

▲ 山西永樂宮純陽殿東壁

那麼，呂洞賓仙跡故事從何時開始與扶乩有關呢？一般認為是從明萬曆年間開始。例如，萬曆《續道藏》六卷本《呂祖志》收錄的一則呂祖顯化事蹟——〈思屯乾道人〉，記載了明隆慶庚午年（1570）呂祖降乩於金陵之事：「金陵萬鎡老人，號與石。性醇慕道，以召箕自給，每召即呂祖至。」在上文所舉宋代呂洞賓顯化度人的故事裡面，並沒有這類與降乩相關的故事。從明代中葉開始，《呂祖志》之類的文獻中有很多故事涉及呂祖降乩。清道光年間的《呂祖年譜海山奇遇》記述嘉靖皇帝和宰相嚴嵩於宮中叩請呂祖降乩之事，茲略述如下：

> 嘉靖年間的西苑宮中，嘉靖皇帝日日請仙降乩。每當玄女降乩，就命宮人禮拜歌詠玄女所作的詩；若周顛下臨醮壇，皇帝就欽加封贈；凜然期盼來降的，只有純陽先生。一旦呂祖降乩至，皇帝必然倍加優禮。一日開壇，呂祖降乩，時嚴嵩也在御苑中，他先拈名香拜叩呂祖。呂祖即擲筆曰：「此香有銅臭味，想必是從受賄中來，帶了些污穢。」嚴嵩聽了驚嚇不已，徘徊輾轉而告退。

不論這個故事真實與否，都證明了呂祖信仰和扶乩這種宗教活動已經結合在一起。

▲ 鍾、呂二仙談道圖（永樂宮呂祖殿壁畫）

明代中葉以後，很多因應呂祖信仰而生的著作都以集合呂祖降乩故事成書，並刊刻印行，以呂祖飛鸞降示的乩文編成的道教經籍亦開始增多。《呂祖全書》收集了很多明清期間流傳的呂祖降乩故事。呂祖降乩的信仰，與元明時期全真教的發展並沒有直接關係，這些降乩活動，並非在全真宮觀裡由全真道士執行。以呂祖信仰為核心的道教乩壇是明末清初以後道教發展的主流。

三、清代扶乩道壇的呂祖信仰及四種《呂祖全書》

扶乩活動常被誤認為層次低下的民間宗教活動，其實不然。直到今天，仍有不少學者忽略了出家住廟和火居的道教形式之外，自明末清初乃至當代中國民間的第三種道教重要存在形式——即不是以道士或道觀作為中心，而是以皈依弟子和信眾作為聚合中心的道壇或道堂。道堂以扶乩為中心，並由一群共同崇祀某位道教神明的在家信眾組成。近代以來，大部分這類道堂供奉的是呂祖。

這些在家信眾集合在降筆的乩壇周圍，透過扶乩活動，與所信仰的神明直接溝通，提出人生和生活問題，並能很快獲得神明的回答，而不是通過道士上章代求。這種道堂代表了道教信仰的新發展，從明末清初起得到蓬勃和廣泛的發展，成為此四百多年來的道教傳統中不可忽略的一部分。

自明清至民國初年，由精英分子、士大夫及文人所組成的道教乩壇成為保存和推廣道教文化的重要力量。今天我們要重建道教的文化地位，就是要將明清以來的道教文人傳統重建起來。以下用《呂祖全書》為例說明這一點。首先申明結論，《呂祖全書》的出現及以後的重刊、重輯工作全是在各地呂祖乩壇的精英分子推動下完成。這些被稱為儒生的精英分子並不是出家的全真宮觀道士或正一派的火居道士，他們從小接受儒家教育，參加科舉考試並獲取功名，如貢生、秀才、進士等，同時他們也是呂祖的信徒。這批文人精英編輯的《呂祖全書》最早於乾隆九年（1744）面世，道光至同治年間出現許多重刊版本。這一部《呂祖全書》所反映的呂祖降乩傳統內涵非常豐富，下文將予以介紹。

清代乾隆至嘉慶年間，至少編輯刊刻了四種不同版本的《呂祖全書》。這四種版本源流各不相同，出現在清代全國不同地區，由不同背景的呂祖乩壇弟子所創作，這說明《呂祖全書》在清代具有廣泛流行與面貌多樣的特性。這四種《呂祖全書》的重訂也是呂祖信仰者們收集呂洞賓神化事蹟第三次風潮的結果（前兩次分別是元代《純陽帝君神化妙通紀》和明代《純陽呂真人文集》），呂祖文集因此得以結集而成新刻本。這是一場在道教史上從未有過的新道教書寫運動，它以呂祖降乩為信仰中心，撰寫、編纂和刊刻呂祖降筆道書，清楚地反映了清代的呂祖信仰作為全真教傳統之外的另一種道教信仰的發展歷程。

第一部《呂祖全書》於清代乾隆九年（1744）在湖北武昌的呂祖乩壇——涵三宮（又稱涵三壇或涵三道院）完成彙輯。此後，於乾隆、嘉慶二朝，在浙江杭州、江蘇蘇州和北京等地，相繼出現由不同呂祖乩壇弟子編纂和刊刻的三種《呂祖全書》。

1. 三十二卷本《呂祖全書》

乾隆九年，涵三宮弟子劉體恕（本名樵，字柯臣，道號無我子）、黃誠恕（道號一行子）、劉允誠（道號清虛）、劉蔭誠（道號清惠）等合力彙輯了第一部呂祖降鸞的道書全集，稱為《呂祖全書》，共三十二卷。《呂祖全書》收有明萬曆十七年至天啟六年間（1589-1626）在金陵（南京）、毘陵（常州）、信州（今江西上饒市）及臨

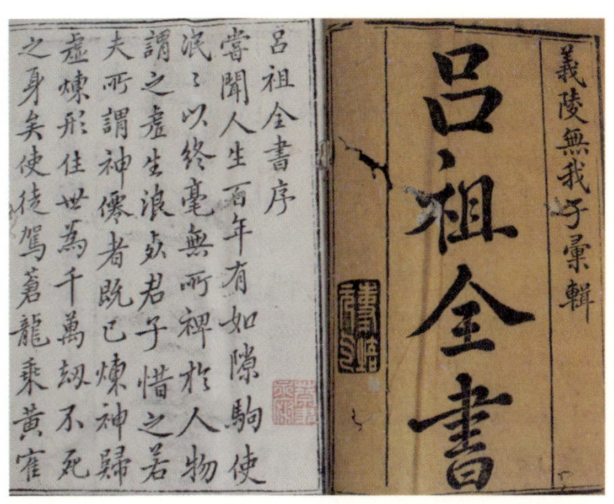
義陵無我子彙輯
呂祖全書

呂祖全書序
嘗聞人生百年有如隙駒使
泯泯以終毫無所裨於人物
謂之虛生浪死君子惜之若
夫所謂神僊者既已煉神歸
虛煉形住世爲千萬劫不死
之身矣使徒駕蒼龍乘黃雀

▲ 乾隆九年《呂祖全書》（日本東洋文庫藏）

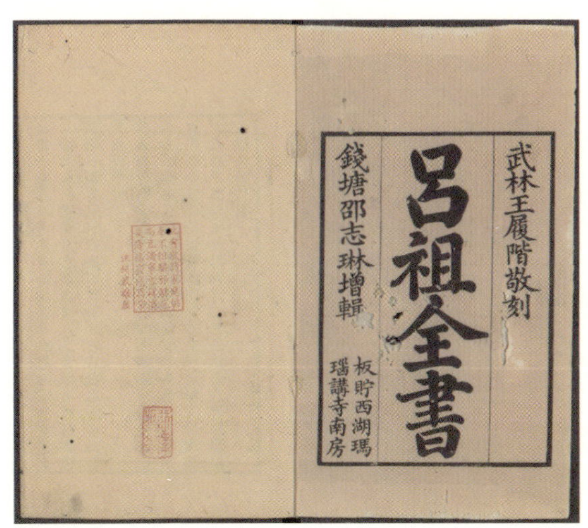
武林王履階敬刻
呂祖全書
錢塘邵志琳增輯
板貯西湖瑪瑙講寺南房

▲ 乾隆四十年《呂祖全書》

江（今江西樟樹市臨江鎮）等不同地區呂祖乩壇敷演而成的呂祖降鸞道經，合稱為《八品仙經》。

乾隆九年本《呂祖全書》提及很多清初時期的呂祖乩壇，例如與涵三宮同樣位於湖北武昌，設在城北武勝門外棲真觀內的一所呂祖社。涵三宮侍壇鸞生黃誠恕就曾如此記述：「余嘗謂呂祖道場，在鄂城者不少。」棲真觀呂祖社比涵三宮立壇時間更早，約在康熙十八年（1679）以前。該社侍壇鸞生被稱為傅先生，皈依該壇的弟子又「多屬儒冠」。乾隆九年本《呂祖全書》收錄有由傅先生於康熙十八年接引呂祖飛鸞闡演的《五品仙經》，全名為《九重闔闢敕演棲真大典拔濟苦海洞妙佉微仙經》。

清楚的是，三十二卷本《呂祖全書》與涵三宮有直接關係。所謂「涵三」的意思，是指呂祖為三教之師，「綜儒釋道之全而會歸於一」。由湖北附近諸邑二十多位儒生合力創立的涵三宮呂祖乩壇，應是隨著康熙四十一年（1702）呂祖開始降鸞敷演《清微三品經》而正式立壇。該壇以「涵三」為名，亦是由此時開始。

在《呂祖全書》中，由江夏縣涵三宮乩壇弟子在本壇開乩叩請呂祖降授闡演的道經

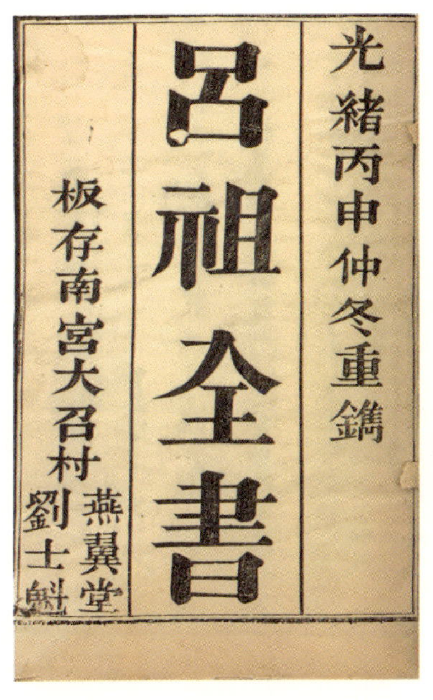

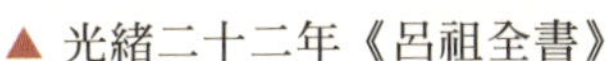
▲ 光緒二十二年《呂祖全書》

▲ 道光三十年《呂祖全書》

包括：一、康熙四十一年至四十三年（1702-1704）間演成的《清微三品經》（卷十三至卷十五），二、康熙五十三年至康熙五十四年（1714-1715）間闡演的《禪宗正指》（附於全書之後），三、雍正十一年至乾隆四年（1733-1739），歷經前後七年演成的《參同經》（卷十六至卷十八）。

2. 六十四卷本《呂祖全書》

第二部《呂祖全書》完成於浙江杭州呂祖乩壇桂香集，由蔡來鶴（靜一子，道號松友）及其弟子邵志琳（萬善子，字儒珍，道號純一，1748-1810）於乾隆四十年（1775）在三十二卷本《呂祖全書》的基礎上採集增添，完成新編六十四卷本《呂祖全書》。邵志琳曾在〈增輯重梓序〉中解釋增輯《呂祖全書》的緣起：《呂祖全書》自從義陵劉體恕彙輯之後，到今天已經三十餘年了，刻板雖然存放在西北，但是此書並沒有流傳東南，因時代久遠，刻板恐怕出現訛漏，幾乎要湮沒無存了。

除了保留原來湖北涵三宮收錄的各種呂祖道經之外，邵本增補的呂祖道經有二十七種，共三十一卷，其中可以追溯到乩壇出處的道書，計有十七種。除了從乾隆九年本《呂祖全書》可見康熙時期在揚州邗江、蘇州太倉及湖北武昌等地分別創立了呂祖乩壇之外，這部六十四卷《呂祖全書》亦能反映出清初以來，杭州、湖州、蘇州和常州等江南一帶地區呂祖乩壇的發展面貌。

邵本《呂祖全書》新收的十七種呂祖降鸞道經主要出自湖州兩所著名的呂祖乩壇，即金蓋山的雲巢精舍和荻港雲怡草堂。從湖州雲巢精舍求得的鸞書，包括有：《金丹示掌初編》（1763）、《金剛經注釋》（1774）、《名壇新詠》（部分）、《語錄會粹》（部分）、《儒道同源》（1768）、《群言會粹》（1768）、《金丹種子》、《警世功過格》及《金丹救劫度人寶懺》（1767），共計九種道經。

這批鸞書在雲巢精舍降受的時間主要集中在乾隆二十八年至三十九年（1763-1774）的十二年間，這反映出湖州雲巢精舍在乾隆時期已經成為浙江湖州地區的著名呂祖乩壇，更有稱其為「呂祖宗壇」。

3. 十八卷本《呂祖全書宗正》

大約在六十四卷本《呂祖全書》刊刻流傳不久，即在乾隆末年，有蘇州乩壇呂祖信仰弟子批評邵本《呂祖全書》只專注於廣收呂祖道書，未能考證其所收錄的版本真偽。因此，有汪柳亭、邱通宵、余馥林和陳聽濤等人，重新刊刻另一部經過考訂的呂祖降鸞道書，即是所謂考訂本的《呂祖全書》，稱為《呂祖全書宗正》，共有十八卷。

《呂祖全書宗正》十八卷，除了卷一所收錄的呂祖寶誥、呂祖全傳、仙派源流和靈應事蹟，以及卷十二和卷十三的呂祖文集和詩集之外，其餘十五卷共收錄了呂祖道經十三種。比對起來，《呂祖全書宗正》輯錄了劉本《呂祖全書》所收錄的主要呂祖道經，包括有：《忠誥》、《孝誥》、《（前）八品仙經》、《五品仙經》、《清微三品經》、《參同經》（《全書宗正》改稱為《同參經》）、《醒心經》、《涵三語錄》、《修真傳道集》、《敲爻歌沁園春註解》，合共有十種道經。但不收錄的劉本道經亦不少，有：《指依篇》、《（後）八品仙經》、《聖德諸品經》、《金丹直指諸品經》、《度厄救劫救苦滌氛四神咒》、《雪過修真懺》、《玉樞經讚解》、《葫頭集》、《涵三雜詠》、

《禪宗正指》，亦合共十種道經。至於《呂祖全書宗正》所收但不在劉本《呂祖全書》之內的呂祖道經，則有《金華宗旨》、《金華闡幽》、《福報指南》、《正教編》、《儒道同源》、《群言會粹》、《警世功過格》、《百字碑註》和《〔般若波羅密多〕心經註》等九種道經。

4. 十七卷本《呂祖全書正宗》

在湖北涵三宮和杭州桂香集分別彙輯、刊刻《呂祖全書》之後，又有另一群熱衷呂祖扶鸞信仰的高官文人在北京城結成乩壇，稱「覺源壇」。嘉慶七年至十年間（1802-1805），覺源壇弟子合力編成一部新的《呂祖全書》，並且冠以「正宗」之名——即稱《呂祖全書正宗》。

覺源壇是由乾隆四十六年（1781）進士蔣予蒲（1756-1819）及其他呂祖扶乩信仰的同門弟子共同在北京創立的乩壇。呂祖乩壇以「覺源」為名，含有「滴滴歸源，乃為正覺」的意思。這是從覺源壇的正統性來說，該壇是千百餘載以來，呂祖降鸞的正宗之壇。所以呂祖的鸞序說：「是為千百餘載，千百餘壇，歷來所傳之真印，

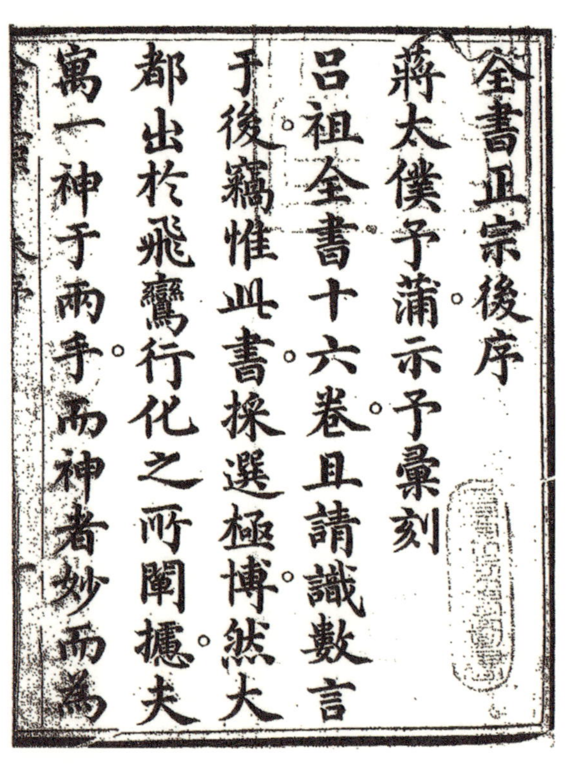

全書正宗後序

蔣太僕予蒲示予彙刻

呂祖全書十六卷且請識數言

于後竊惟此書採選極博然大

都出於飛鸞行化之所闡攄夫

萬一神乎兩手而神者妙而為

▲《呂祖全書正宗》後序

今乃可名以『正宗』。」關於覺源壇創立的具體歷史，《呂祖全書正宗》提供的信息不算多，其中可知的歷史信息見於恩悟所撰的〈《全書正宗》後跋〉：「此屬戊午（1798），大壇重啟，其奉恩命，如宏教真君為斯壇掌教宣秘，慈悲上接帝師。」據此，覺源壇於嘉慶三年之前已經創立了。在《呂祖全書正宗》裡，覺源壇的呂祖信仰弟子經常自稱為「天仙嗣派弟子」，並且強調他們所學的金丹修煉是屬於「天仙之道」。例如蔣予蒲在〈《天仙金華宗旨》後跋〉自署稱為「天仙嗣派者廣化弟子惠覺謹誌」，並言：「謹按此經，乃性命兼修，天仙之嫡傳。」

十七卷本《全書正宗》收錄了十八種呂祖道經，包括了：《十六品經》、《天仙金華宗旨》、《同參經》、《五經合編》、《呂帝文集》、《呂帝詩集》、《道德經解》、《先天斗帝敕演無上玄功靈妙真經・孚佑上帝純陽呂祖天師疏解》、《玉樞寶經・孚佑上帝純陽呂祖天師讚解》、《呂子易說》、《（鍾呂）傳道集》、《天仙金丹心法》、《玄宗正旨》、《十戒功過格》、《聖蹟紀要》、《語錄大觀》、《金剛經註》和《禪宗正旨》。

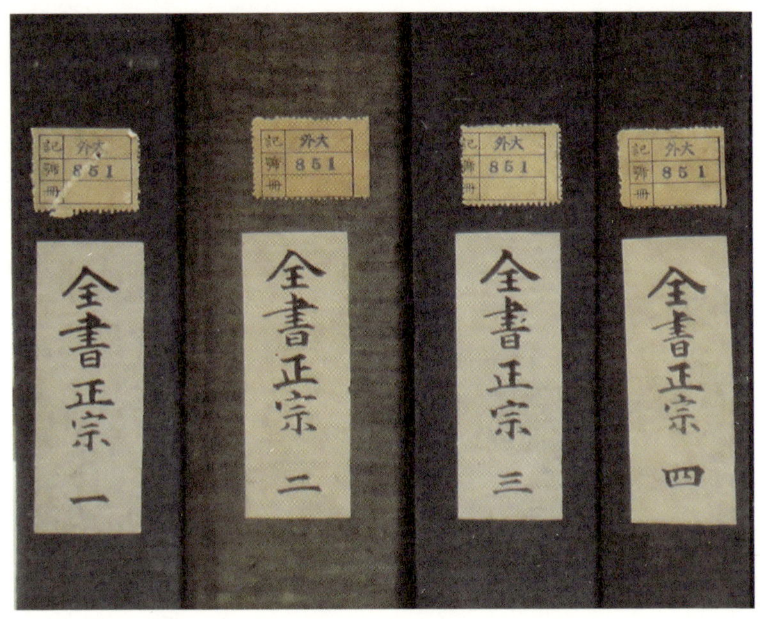

▲《呂祖全書正宗》（日本京都大谷大學藏）

第四節　推動清代呂祖信仰的乩壇與嘉慶《道藏輯要》

一、涵三宮

康熙四十一年（1702），湖北江夏縣城（今武漢市武昌區）及附近諸邑二十多位儒生合力創立呂祖乩壇——涵三宮。涵三宮呂祖弟子於同年叩請呂祖降乩，闡演《清微三品經》。道號一行子的黃誠恕是當時涵三宮乩壇的主要侍壇鸞生。黃誠恕〈清微三品經．序〉中記錄了涵三宮乩壇建立的經過：

《清微三品經》是呂祖所演化的道經。江夏諸生顧行恕與同學宋體誠，吳一恕、喬以恕等友善，相約請乩。乩壇延請呂祖降乩已經很長時間了。喬以恕善於撫琴，一日彈琴，曲將終而神明降臨，經驗證是呂祖。降下的呂祖顯得詩意飄然，脫屣塵垢，運筆如飛。嘗試問事則靈驗，大家都非常驚歎和服膺，於是逐漸有了闡演三品經的打算。在宋體誠家的樓閣開始演繹，一時之間書生匯聚而來，比如有郡諸生魯思恕、於慎恕、耶律盡恕、楊傳恕、漢陽諸生傅敬恕、江邑諸生殷同恕與其弟為恕，還有魯循恕、王遵恕、馬慕恕、安依誠等人。很快因為宋家比較狹隘，又遷移到喬家的宅第。然而演繹經典這樣重要的事件，是極為神聖的，住宅喧嘩而雜亂，大家都顧慮會褻瀆神靈。因此決意在城東北隅另外尋覓合適的地點，終於找到了陳太史大章的舊宅。陳太史與殷同恕是從前的姻戚，聽聞其事，欣然施予宅邸，隨即施與金錢，幫助建造並且皈依呂祖信仰。一時會中，如安恒恕、李務恕、宋真恕、王醒恕、錢能恕、陳崇誠等，都紛紛解捐，尋覓工匠購買建材，不到一年的時間殿閣次第而成。這一建築就是稱為「涵三宮」的呂祖乩壇了。

值得注意的是，參與涵三宮的這一批人同宮觀道士沒有關係，全部是知識分子。涵三宮是由對呂祖信仰有著共同旨趣的儒生建立的，《清微三品經》降乩完成後，再將各地呂祖乩文和在涵三宮降乩的經文、經書結集，成為《呂祖全書》。

劉本《呂祖全書》於乾隆九年刊刻後，流傳很廣，對清代呂祖信仰的傳播發展影響甚大。乾隆九年刊刻以後，涵三宮本《呂祖全書》於嘉慶五年（1800）、道光二年（1822）、道光三十年（1850）及同治七年（1868）分別重刊。由民國直到當代，各地的呂祖道壇一直流傳不同時期的重刊本，香港也有第一種《呂祖全書》的重刊本。在香港的青松觀、圓玄學院、蓬瀛仙館和雲泉仙館等道觀，曾經於一九六五年、一九七九年、一九九〇年和二〇〇九年重刊三十二卷本《呂祖全書》。二〇一六年五月初，信善壇再次重刊這一種三十二卷本的《呂祖全書》。

二、覺源壇

呂祖扶乩信仰的《呂祖全書》並不是由那些在全真教龍門派道觀裡的道士所編撰、刊刻和推廣的，而是在各地的呂祖乩壇中，由一批信仰呂祖降鸞的儒家知識分子以非常投入的信仰態度去採集、彙輯、出版和流傳。

前文提到，清代全國各地有許多呂祖道壇。比如，康熙年間蘇州府長洲縣彭定求（1645-1719）家族為代表的玉壇；康熙至乾隆年間湖北江夏諸生宋體誠、顧行恕、黃誠恕、劉體恕等人組織的涵三宮；嘉慶年間北京蔣予蒲的覺源壇。每個道壇都有自己建立和發展的獨特因由。

覺源壇（又稱大覺法壇、第一覺壇及第一開化壇）是由一群熱衷於呂祖扶鸞信仰的高官文人合力在北京城創立的呂祖乩壇。以蔣予蒲為首，其成員弟子的背景具有兩類官僚身份，包括乾隆四十七年（1782）奉旨編纂《四庫全書》時所設置的繕書處分校官，以及主管江南或河東河道系統的大臣。可見，在嘉慶時期，呂祖乩壇信仰確實已在這群清朝官僚之間傳播。呂祖降鸞的〈《全書正宗》自序〉說：

> 吾有鸞化之地，必無不傳之文。茲覺源本壇，前此分傳，疊誌之遺文，重加遴選增益。起於本歲首夏，竣於孟冬。雖百餘日，而吾弟子柳守元等董理護持，俾功成全備。……夫成斯集者，奉教弟子惠覺（蔣予蒲）、法嗣恩洪、大固（金光悌）、志秋（范鏊）、通仁（賞鍇）、德明、大器、志喜（徐震）、志卓，均照例備，附載於篇。此為序。

蔣予蒲（1756-1819），字元庭，道號惠覺，又號夢因和廣化子。蔣予蒲於乾隆四十六年（1781）考中進士，並獲翰林院庶吉士頭銜，乾隆四十七年（1782），被任命為四庫全書繕書處分校官，嘉慶二十年（1815），官至內閣學士兼倉場侍郎。我們在《四庫全書》編輯人名單發現多位覺源壇弟子，他們都位居高官。由此可知，呂祖乩壇弟子是一批儒生精英，學問好，有科舉功名，同時又有道教信仰。他們得到呂祖的乩示，去傳播和編輯呂祖乩文。

關於「覺源」一詞，據《呂祖全書正宗》可知約有兩個意思。其一，覺源壇弟子恩悟所撰的〈《全書正宗》後跋〉稱：「孚佑帝師之慈悲濟度也，讚莫能窮矣。飛鸞行化，誓願度人。凡數千百年，壇地遍寰區。壇地以七覺為最著，京師首善之地。覺源洪，開斯土，啟後人。」這是從京師的地理位置來說，由於此乩壇創立在京師，因此具有覺世之源，大啟後人的用意。其二，呂祖降鸞的〈《全書正宗》自序〉則解釋說：「滴滴歸源，乃為正覺。」

關於覺源壇創立的具體歷史，由該壇弟子恩悟所撰的〈《全書正宗》後跋〉稱：「此屬戊午（1798），大壇重啟，其奉恩命，如宏教真君為斯壇掌教宣秘，慈悲上接帝師。」據此，覺源壇於嘉慶三年之前已經創立了。其弟子相信該壇就是天仙嗣派的第一覺壇，且為天仙派始祖呂祖降經的特別鸞壇，例如志秋稱：「孚佑帝師名天仙派」、「孚佑帝師，天仙之始祖也，宏教恩師，天仙之二祖也。」並且呂祖為天仙派傳有二十字的派詩，志秋在〈《天仙金華宗旨》後跋〉說：

> 因思孚佑帝師名天仙派，必有留傳字句。詢之惠覺，蒙敬述云：昔聞有二十字曰：寂然無一物，妙合於先天，元陽復本位，獨步玉京仙。

在《呂祖全書正宗》裡，覺源壇弟子經常自稱為「天仙嗣派弟子」，並且強調他們所學的金丹修煉屬於「天仙之道」。例如蔣予蒲在〈《天仙金華宗旨》後跋〉稱：「謹按此經，乃性命兼修，天仙之嫡傳。」道光十一年（1831），湖州金蓋山龍門派道士閔一得刊行《古書隱樓藏書》，共十四冊。第五冊收有一部《呂祖師三尼醫世說述》，提及：「蔣元庭侍郎纂刻呂祖天仙正宗內集。」閔一得把《呂祖全書正宗》與覺源壇弟子的基本信仰——呂祖天仙信仰聯繫起來，這是正確的解說。覺源壇弟子的基本信仰的確建立在金丹修煉之上，且相信修煉金丹之法是由呂祖開示給弟子升天仙的覺路。例如，《先天斗帝敕演無上玄功靈妙真經》稱此「金丹妙典」為「於古今第一覺壇，傳古今第一道典，誠天仙家金丹秘寶真傳」。

所謂金丹之學，即是指修煉性命的內丹道。根據《鍾呂傳道集》成仙之說法，仙有五等，即鬼仙、人仙、地仙、神仙和天仙。修煉金丹者相信修真者若能結成金丹，即可升為天仙。覺源壇弟子志喜（俗名徐震）撰〈《天仙金丹心法》後跋〉，稱：「《悟真篇》曰：學仙須是學天仙，惟有金丹最的端。是天仙之道，非金丹不能成；金丹之妙，非天仙不能得矧。」另一位覺源壇弟子志秋（俗名范鏊）堅信這種天仙金丹的信仰，稱：「嘗聞金丹之法不明，則天仙之道不顯。天仙者，就五仙而言之，則為最上之乘；就專派而言之，則為妙道之統。」在《呂祖全書正宗》中，覺源壇弟子強調他們所學的金丹修煉之法屬於「天仙之道」。守壇真人吳鳳洲稱：「所謂天仙法，無一非金丹法耳。」

覺源壇相信修煉金丹可返天仙，且認為該壇一方面是承接舊有「南北二宗」的傳統，但另一方面，且更重要的是，該壇是直接由孚佑帝君開啟的「天仙派」，在「南北二宗」之外。所以，覺源壇弟子志超稱：「我孚佑帝君直紹心法，廣集大成，開南北二宗，彙儒釋一貫。而金丹啟派，接引天仙。」「南北二宗」即是指道教自宋元以後在內丹心性修煉的兩大宗派——以北方王重陽創教的全真教為首的是北宗，而以南方張伯端為祖師的內丹修煉學說，則稱為金丹派南宗。覺源壇提出該壇乃孚佑帝君另外直接降鸞而開啟之鸞壇，其派則稱為天仙派，孚佑帝師為其始祖。提出這種呂祖天仙嗣派信仰的目的，是為了說明覺源壇弟子不僅定位其壇為天仙金丹派，並且該壇是繼承南北二宗之後的「正派」，同時又能接引呂祖性命修真之學的「正旨」、「正傳」和「正宗」，這即是所謂「嫡嗣分南北，天仙肇本原」的意思。

三、《道藏輯要》

覺源壇弟子在嘉慶十年之後進一步編纂的《道藏輯要》。日本京都大學人文科學研究所圖書館現存有一套嘉慶版《道藏輯要》（一般稱「人文本」）。人文本《道藏輯要》收載有兩篇序，分別由大羅天眾仙領班蘇朗真人和鍾離權降鸞寫成，都有提及覺源壇弟子奉孚佑帝君之命編纂《道藏輯要》之事。蘇朗降乩的序文道：

孚佑帝君，作相玉清，代天宣化，變現十方。綱維三教，凡所著述，一字一言，胥玄府之總持，大羅之密諦，今乃囊括後先，條貫今始，綜丹道之真傳，羅諸經之典要，命第一覺壇諸弟子編纂《道藏輯要》一書，付諸剞劂。上自元始天王，下逮諸真列聖，以及百家之論，說諸子之疏解，博觀而約取擇之也。精語之也詳。所謂道中密旨，教外別傳，得其解者，咸於是乎。在後之修道之士，由是書而求之，循其流派，匯其統宗，正大而天地之情見，玄妙而平易之理得，悟涵三抱一之精，窺九轉八還之妙，則此編非性命之全功，天仙之大乘也哉？然則此一藏也，謂之天藏也，地藏也，華藏也，而其實則吾道之秘密藏也。至哉道乎！是為序。大羅領班蘇朗題。

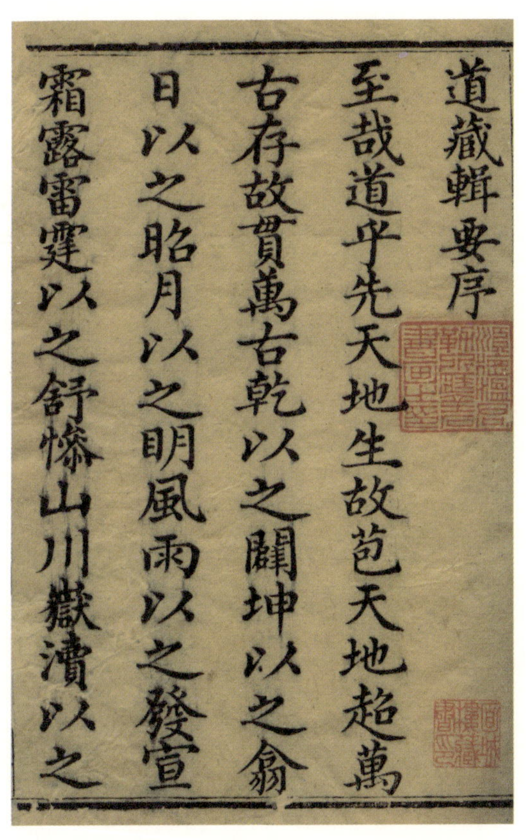

道藏輯要序

至哉道乎先天地生故苞天地超萬古存故貫萬古乾以之闢坤以之翕日以之昭月以之明風雨以之發宣霜露雷霆以之舒慘山川嶽瀆以之

▲〈《道藏輯要》蘇朗序〉（北京中國道教協會藏）

這裡所說的孚佑帝君即呂祖，位於玉清天，作玉清內相，輔佐元始天尊。「綱維三教」，即是說呂祖是三教之師。《道藏輯要》的來歷是甚麼呢？呂祖命令「第一覺壇」諸弟子編纂此書。第一覺壇，即北京覺源壇，是呂祖扶乩道壇，呂祖通過降乩，要求乩壇弟子編纂一部《道藏輯要》並刊行。這個就是《道藏輯要》的緣起。蘇朗序裡還提到，為甚麼命名為「輯要」？是否僅僅將明《正統道藏》裡重要的道書擇要輯選出來？答案是否定的。「輯要」的意思是這一批道堂弟子有其信仰原則和要求。例如說「則此編非性命之全功，天仙之大乘也哉？」這個覺源壇叫天仙派。天仙派來源於道教修仙裡的五仙之一天仙，其他諸類還包括如地仙、人仙等。天仙派追求修煉成為天仙，性命雙修，注重內丹，以呂祖信仰為主，修天仙之大成。「而其實則吾道之秘密藏也」說明覺源壇所輯錄的經書代表了呂祖信仰裡最重要的道書。因此在這篇序文中，蘇朗宣稱《道藏輯要》來自第一覺壇。

第二篇要介紹的序文來自鍾離權降乩。文中清楚寫到：

> 純陽子憫後之學者，將莫識厥趨也。命覺源諸子編纂《道藏輯要》一書，棄偽而歸真，刪繁而就約，廣大精微而天人之道備，擷全藏之精華，補前藏之遺漏。

前文講到，第四種《呂祖全書》是《呂祖全書正宗》，正是由覺源壇弟子編寫出來。呂祖降乩提示弟子，在編纂完成《呂祖全書正宗》之後，再編纂《道藏輯要》一書。

從唐以後，由國家皇帝下令，由道士負責結集所有不同地方的道經入藏，稱為《道藏》。歷來都由國家和著名宮觀，特別是天師道的張天師或者是全真教道觀來主持這項工程。今天所能見到的最後一部由國家命令編輯、投入國家財力資源、由著名道士負責編修的《道藏》，是十五世紀明英宗時期編輯的《正統道藏》。之前提到的《續道藏》，是補充了一部分英宗正統年間到萬曆年間的道書。可以這樣說，今天我們所讀的道藏經，是明代已完成的《道藏》，所收道書都是明萬曆之前、最早可上溯到六朝的古代道書。清代沒有一部由清廷和道士編修的道藏。然而，卻有一部嘉慶二十年《道藏輯要》及光緒三十二年的重刊本——《重刊道藏輯要》。既然有輯要本，而清代又從未有過國家批准收集的《道藏》，那麼這部《道藏輯要》的來歷是怎樣的呢？其實它同《呂祖全書》一樣，都是由呂祖扶乩道壇的知識分子所推行的。

現存光緒《重刊道藏輯要》經版採用梨木為材料，均兩面刻字，一面刻兩頁內容，共雕刻一萬四千塊，印刷成二百四十五冊。共收錄二百九十九部道經，相對於明

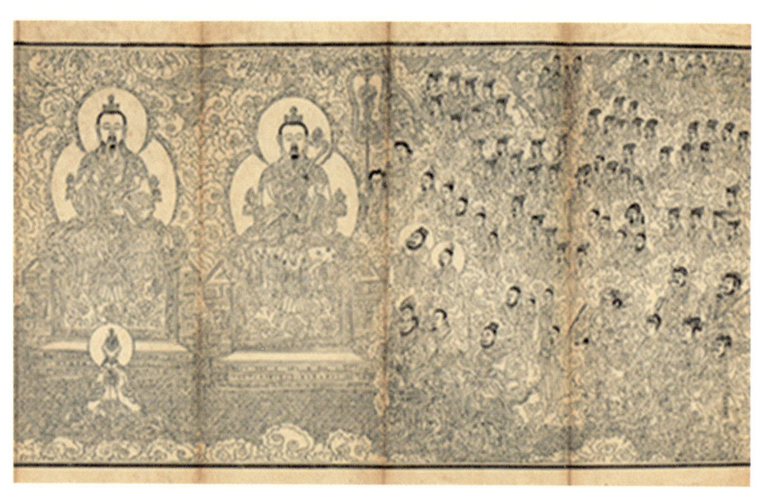

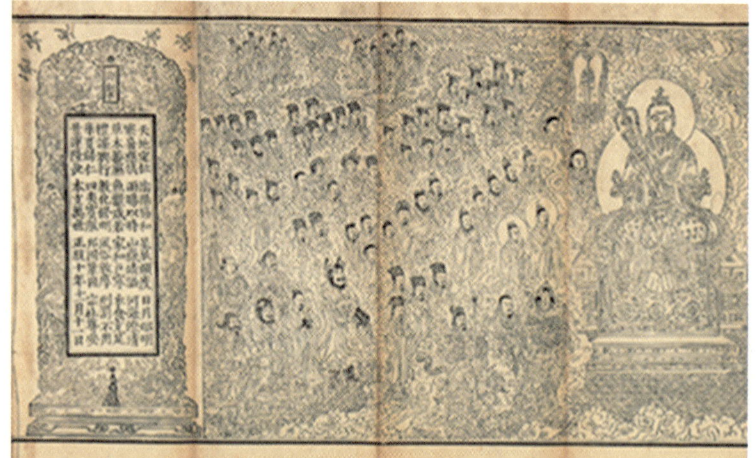

▲ 明《道藏》書影（北京白雲觀藏）

《正統道藏》一千四百幾十部道書，二百九十九部道經不算多，大概輯出五分之一的道經。香港中文大學道教文化研究中心網站上有一個對外公開的資料庫「道教經典文庫」可供查閱光緒版《重刊道藏輯要》：http://repository.lib.cuhk.edu.hk/tc/collection/daoist

今天這種道經知識可以借助網站的形式傳播，古代則不同，只有入道或有信仰的弟子方可學經。古往今來，道教知識的傳播形式已經改變了很多，其中一次重要的傳播方式革新或者說新的信仰運動，就發生在明末清初，是由文人知識分子推動的呂祖扶乩道壇活動。

《道藏輯要》原本在嘉慶二十一年（1816）之前便已刊刻出來，現在全世界至少有十四套嘉慶本《道藏輯要》被收藏於中國大陸、臺灣、日本、美國及法國等地的大學圖書館及漢學研究機構。整個清代沒有重刊明《道藏》，清政府作為一個外族政權不積極支持重印道藏經，但是民間誕生了這樣一部《道藏輯要》，這是很了不起的一個新信仰運動的成果。

▲ 清代嘉慶本《道藏輯要》（日本京都大學人文科學研究所藏）

光緒成都二仙庵版《重刊道藏輯要》，是以成都藏書家嚴雁峰家藏的嘉慶本《道藏輯要》為底本重刊的。日本大阪府立中之島圖書館現藏有一套最早的嘉慶本《道藏輯要》。《道藏輯要》（及《重刊道藏輯要》）這套道教叢書具重要的價值，不單是因為它秉著性命修煉的神學準則，從《道藏》中精選了二百多部重要經典，更重要的是，其中還收錄了七十多種清初以後晚出的道經。尤其值得注意的是，這批晚出的道經多為清代各地呂祖乩壇上由呂祖降鸞的道經。這些呂祖扶鸞乩壇都在全真教傳統之外存在，並建立在呂祖信仰社團的基礎之上。

四、清代文人道教傳統

呂祖扶乩道壇與文人精英分子的結合說明道教於道士、道觀之外形成了一種新的文人道教傳統。文人知識分子推動道教的心性修煉信仰，建立道壇，組織扶乩，更踴躍地編修、刊刻道教經典。從上文所講的編訂《呂祖全書》的乩壇和《道藏輯要》的出現，都證明了帝國晚期道教信仰的生命力和新發展，諸多道教活動都是由乩壇善信弟子發起並推動的。直到今天，香港道壇還繼承著這一傳統。

許多清代新道教經典的出現都是由道教乩壇的文人所成就的。除上述提到的影響清代至今的《呂祖全書》，覺源壇的文人弟子更於嘉慶十年至二十年間編輯了清代唯一一部道藏經，即上文介紹的《道藏輯要》。

《四庫全書》幾乎不收錄道藏經，與道藏相關的只有四十部，並以道德經和莊子注為主。《四庫全書總目提要》更沒提及道藏。歷清一代，道藏經都被排斥在儒家教育之外。自唐宋元明以來，編修道藏經一直是國家大事，明代編修《正統道藏》之後，明末至整個清代及民國四百餘年間，再也沒有由官方發起、主持編輯的《道藏》，從

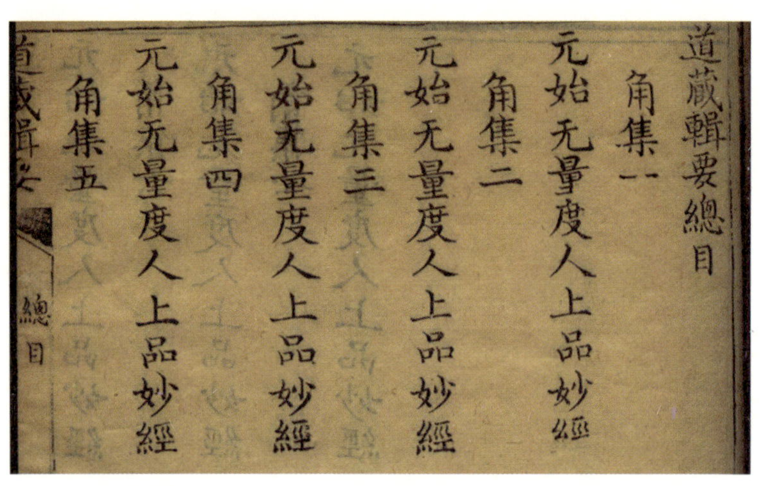
道藏輯要總目

角集一

元始无量度人上品妙經

角集二

元始无量度人上品妙經

角集三

元始无量度人上品妙經

角集四

元始无量度人上品妙經

角集五

▲《道藏輯要》總目錄（北京中國道教協會藏）

中亦可見道教在國家的宗教地位逐步下降，但是這不等於說清代道教經典沒有得到傳播和發展。如果不去了解創立呂祖乩壇的一批文人精英分子，就不能明白整個清代道教的生命力體現在哪裡。筆者不是否認全真或者正一的生命力，不過在整個社會發展中，隨著知識不斷平民化和公開化，道教宮觀已經不能主宰道教知識的傳播。

以扶乩道壇的形式，結合地方精英和官員所組成的新道教信仰團體承擔了清代新道教經典的編輯和刊刻工作。《呂祖全書》及《道藏輯要》的出版清晰地證明了這一點。這一批由明清以來呂祖乩壇叩請呂祖降臨寫出的道經，在全真教傳統以外的呂祖信仰群體中產生並得以廣泛地推廣。這一現象說明清代以來的道教發展狀況不能被認定為「低落的」。也可以看到，清代以前的全真教和正一派發展至帝國晚期出現了自身無法跨越的限制，這種限制體現在沒能於道觀以外最大程度地集結曉道的精英分子。幸而出現了呂祖信仰乩壇，這些活躍的信仰群體幫助道教走出道觀，將社會精英凝聚於道壇，從而更廣泛深入地傳播了道教文化。

五、香港的在家善信組成的呂祖扶乩道堂及呂祖讖

以呂祖為道壇主神，由在家善信所組成並建立的道壇或道堂，通過呂祖降乩，回答求問者的問題與訴求，這就是呂祖扶乩道壇的信仰結構。今天香港的雲鶴山房、萬德至善社、省善真堂、金蘭觀、善玄精舍、飛雁洞等道堂也有開乩，呂祖即是上述道堂供奉的主神。事實上，香港大部分道堂是受清代呂祖信仰運動影響而形成的。一九二〇至四〇年代，廣東道侶南遷來港建立的呂祖道堂，有抱道堂、蓬瀛仙館、玉壺仙洞及通善壇，它們代表最早一批從廣東來港建立的呂祖道堂。

曾經推動和見證香港道教呂祖信仰發展的一位鸞生何啟忠道長（號醉道人，1916-

1968），從廣州開始建立呂祖道壇，即雲鶴山房。據他本人編纂的道書《寶松抱鶴記》中〈玄真掌教何大宗師啟忠道長行略〉一篇可知，何啟忠從小習乩，一九二六年入讀廣州國民大學附屬中學，十五歲在家鄉的乩壇廣業仙壇入道，一九三五年成為該壇的乩手。一九四〇年代，何啟忠曾於羅浮山沖虛觀研習道教，為全真龍門正派嫡嗣，一九四四年獲得亦屬龍門派的粵秀山應元宮頒發的度牒，以及中華道教總會廣州分會所發的會員證書。一九四二年何啟忠承呂祖乩示，於廣州恩寧路設壇，名曰「至寶台」，以供奉純陽呂祖師、宏揚道教、博施濟眾為主旨。

另一位香港著名鸞生是謝顯通道長（俗名景新，號靈都子，1911-1989），是圓玄學院創始人之一，及後創立玉清別館。謝顯通為廣東梅縣人，於一九四〇年代入道於粵北韶關曲江覺善壇，成為鸞生；後聯同覺善壇道侶於廣州越秀觀音山創設宏道精舍，為善信扶鸞問事，批示藥方。一九五〇年內地時局變動，謝顯通遷移香港，並與宏道精舍弟子創立圓玄學院，擔任鸞生，執掌壇務。期間，他受到呂祖及太上道祖降示，闡述《內外修篇》共三十三章，日後補充至四十一章。至一九六四年，他離開圓玄學院，翌年創立玉清別館，該館主要供奉呂祖孚佑帝君。

▲ 何啟忠道長與香港雲鶴山房簪冠大典

從唐末到明清，直到上世紀五十年代，呂祖信仰的發展和貢獻一直沒有中斷。至於近代中國的這些呂祖扶鸞道堂，不是以正一派的職業道士或者全真教的出家道士作為核心，而是以信奉呂祖的皈依弟子作為推動的主力。

呂祖道堂建立至今一直保持著以扶乩立壇的信仰特色，直到今日，仍然是香港道教的主流。香港道教聯合會現共有一百多所道堂入會，其中至少有三十多所道堂主要供奉呂純陽祖師，包括抱道堂、竹隱長春祠、蓬瀛仙館、玉壺仙洞、通善壇、雲泉仙館、信善二分壇、青松觀、萬德至善社、圓玄學院、松蔭園佛道社、翠柏仙洞、雲鶴山房、金蘭觀、信善三分壇、六合聖室、玉清別館、竹林仙館、信善禮義玄觀、信善紫闕玄觀、純陽仙祠、飛雁洞佛道社、明善學院、善玄精舍等。或許會有人質疑，為甚麼這些道堂不以道教三清為主神呢？原因是道堂弟子們都供奉呂祖，都是呂祖的弟子，多數進行過扶乩活動。

以青松觀為例，大殿的中位主神是呂純陽祖師。一九四九年冬，前文提到的何啟忠道長移居香港後，憑藉從廣州至寶台時期積累下來的人脈資源，分別協助創立青松仙觀、靈雯仙觀、太玄精舍及雲鶴山房等多間香港道堂。一九四九年十二月，在他的號召之下，曾為廣州至寶台道侶的陸吟舫、葉至和、盧寶經、易寶雲、陳臺鏡等商人，暨同門十八人聯手創立了青松仙觀，宣稱承接了呂純陽祖師的乩旨，將至寶台從廣州遷壇至香港。該乩旨云：「呂師特諭：『南下設壇，繼行普度。』」至於立壇命名為「青松觀」，亦是源於玉皇大天尊的鸞示（中有「十二月十八公」之句）。

又以玉清別館為例，別館的意思便是輔佐「呂祖處理道教玄門人間闡教渡丗及地府事宜」。自一九六五年立壇以來，玉清別館一直維持扶乩問道，供道眾叩示藥方，休咎問事，是香港呂祖扶乩信仰傳統的主要傳承道壇之一。一九七六年起，奉呂祖乩示，三設玄壇，分別在加拿大溫哥華、灣仔駱克道及九龍西洋菜街。此外，玉清別舘弟子在每年仙真寶誕均獲賜示聖訓道文，這些訓示在呂祖指示下彙編成刊，定名《玄音》，內容包括內外修煉、勸善養生等。《玄音》在各道堂廣為流行，經翻印流傳，版本眾多，作為信道弟子的修真指導。除了《玄音》，玉清別舘還奉呂祖命重印《關帝桃園明聖經》與《呂祖玄妙真經》，稱為《玄妙明聖二經合刊》。以青松觀及玉清別舘為代表的香港道堂，繼承和延續上文所討論的呂祖扶乩道壇傳統。

香港道堂的科儀經本都繼承自廣東地區的道教科儀傳統。其中一部懺經《呂祖無極寶懺》，全名《九天大羅玉都師相呂聖真君無極寶懺》，便是從廣東南海西樵山雲泉仙館傳至香港。《呂祖無極寶懺》是眾多懺經中最常用，也是香港道堂自上世紀四十年代以來最早使用的一部懺本，更是在香港重版翻印次數和流通數量最多的一部呂祖懺本。現今香港道堂常見的版本為一九六一年辛丑版，由香港雲泉仙館依據光緒十九年（1893）癸巳的西樵雲泉仙館原版翻印。一九七九年己未重刊本尾頁記：「原版：光緒癸巳年孟冬西樵山白雲洞雲泉仙館刻板。」以青松觀立呂祖乩壇為起點，呂祖信仰在上個世紀廣泛深遠地影響了香港道壇，其表現之一就是《呂祖無極寶懺》成為香港呂祖乩壇最為常用的懺本。

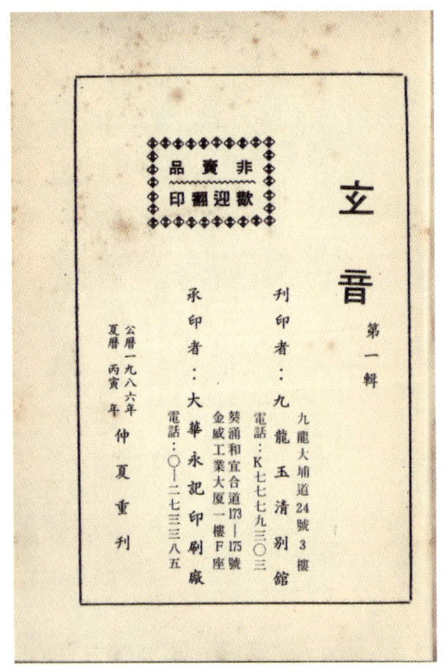

玄音

第一輯

非賣品

歡迎翻印

刊印者：九龍玉清別館

九龍大埔道24號3樓

電話：K七七九三〇三

承印者：大華永記印刷廠

葵涌和宜合道173—175號

金威工業大廈一樓F座

電話：〇—二七三三八五

公曆一九八六年

夏曆丙寅年

仲夏重刊

▲《玄音》第一輯（1986年刊印）版權頁

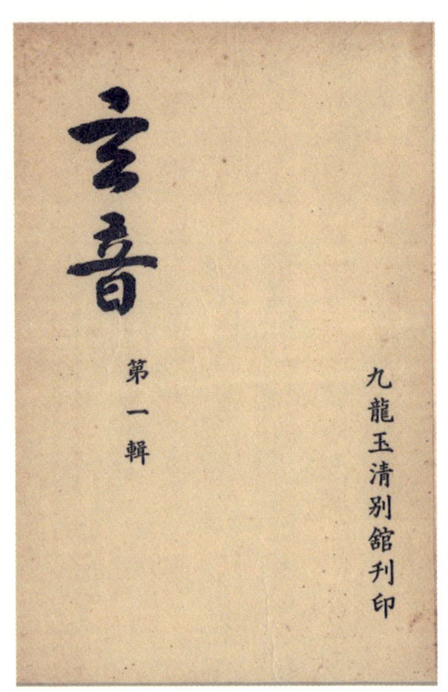

玄音

第一輯

九龍玉清別館刊印

▲《玄音》第一輯（1986年刊印）封面頁

那麼這種以呂祖信仰為核心的懺儀經本出自哪裡？它們來自嶺南道教名山聖地南海西樵山的一個呂祖扶乩道壇——雲泉仙館。這座歷史悠久的道觀主殿中座供奉的就是呂祖。很多於雲泉仙館創製的經文在今日香港道堂相當流行，它們都以呂祖信仰為主，包括《呂祖真經》、《孚佑帝君覺世經》等勸世經書，還有呂祖靈籤和呂祖仙方。

源自雲泉仙館的香港版《呂祖無極寶懺》主要包括六種經文：一、一篇《呂聖真君道德真經》；二、兩篇召請呂純陽祖師的〈召請文〉；三、三篇祖師〈寶誥〉，即薩守堅祖師、鍾離權祖師和許真君；四、七篇呂祖師〈寶誥〉；五、七篇呂祖師〈垂訓〉；六、四篇敘述呂祖神通變化靈應事蹟的〈志心朝禮〉。這本《呂祖無極寶懺》的祖本是光緒十九年（1893）癸巳本，香港重印過《九天大羅玉都師相呂聖真君無極寶懺》多次，例如有一九六一年初版、一九七〇年再版、一九七九年三版等，直到今天仍普遍使用的版本為一九七九年的重印本。

今日呂祖道堂弟子演習《呂祖無極寶懺》時，在啟壇一節便會讚誦曰：「樵陽啟化，妙道傳經，玉松印合大緣因，無極度人心。頂禮師真，超劫上瑤京。」接著才開始誦經。「樵陽啟化，妙道傳經」所指就是由呂祖師降乩，再傳予樵陽子劉玉的修煉

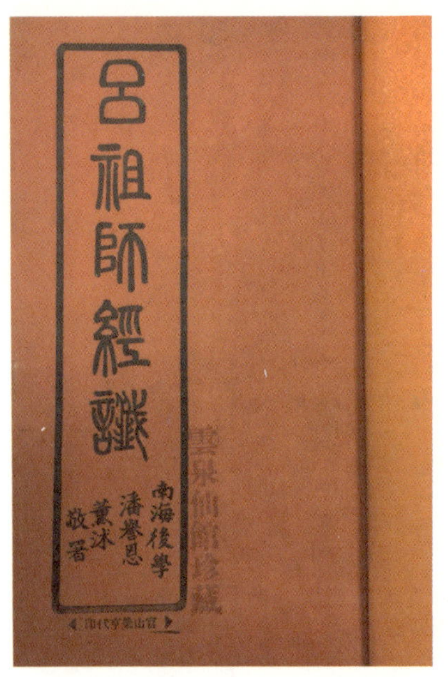

▲ 光緒十九年《呂祖師經讖》
（南海西樵雲泉仙館藏）

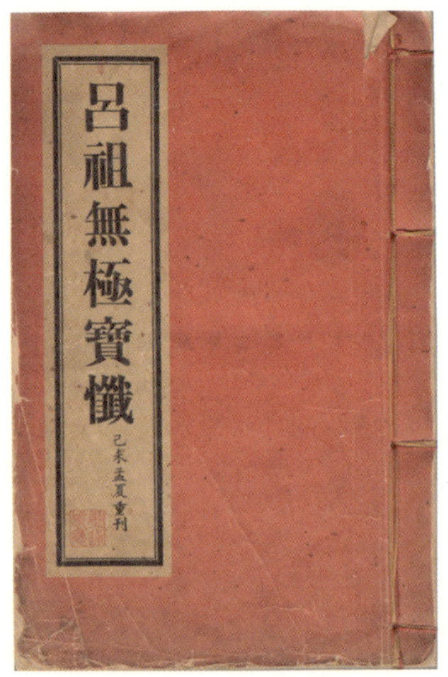

▲ 1979 年刊印《呂祖無極寶懺》封面

金丹成仙的淨明忠孝道。

將呂祖信仰結集成有系統的經書，最重要的一部是《呂祖全書》。香港雲泉仙館的信徒們，從西樵山傳到香港粉嶺，一直都參與重印這本《呂祖全書》。這部書最早的版本是乾隆九年（1744）的三十二卷本。道光以來，整個清代一直都有重印各種版本的《呂祖全書》。此書反映了明末以來道教發展的新形態，在今天香港廣泛存在的呂祖扶乩道壇仍歷歷可見。概括而言，我們認為在道教發展史當中，呂祖扶乩道壇運動的重要意義不容忽視。

結語

整個道教乩壇運動，回應了清代以來政治和戰爭的狀況。民國時期各地仍有許多道教善信組織乩壇，刊刻勸善書。他們尋求回應當時政治混亂、戰亂頻仍、道德喪失、民眾貧困等問題，透過道教乩壇，推動勸善、慈濟的善堂工作。

以晚清至民國時期的廣州為例，呂祖扶乩道壇的大量出現，它們在廣州贈醫施藥、勸善揚道，傳播呂祖信仰。後來因為一九四九年中國政局的變化，廣州的部份扶乩道壇轉移至香港，成立了信善壇、省躬草堂、至寶台、金蘭觀等。

要了解道教在中國近代的發展形態，我們必須了解這種以非神職人員（道士），即皈依的善信弟子為中心所組成的道壇。這種道壇至今仍然為道教信仰的傳播發揮重要作用。它們能夠凝聚社會上各行業、各個階層的人士，包括知識分子和商人，集合各方力量，使道教信仰在社會上傳播。其旺盛的生命力在今日香港仍然可見，大部分香港道教團體均屬於扶乩道壇，它們在當今的香港社會，特別在社會福利、勸善弘道等方面承擔著重要的道義職責。

第四章　在家信眾的道教傳統：呂祖道壇與扶乩信仰

第五章

道教的生死觀——「既知生，復知死」

07125
先
父梁憲章府君大人神位
壽
07126
先
父潘公新達府君之神位
07127
先先
福
福
06744
06745

☯ 第一節　前言

凡是宗教都會涉及對生死問題的處理，而道教的宗教特性很明顯地呈現在對死者的救濟之上，因為道教不單以道士、道觀為信仰傳承的載體，更有融入生活習俗的宗教儀式。活魚要在水中看，通過觀察習俗化的道教儀式，我們更能體會道教的信仰內涵及影響。

雖然道教的齋醮儀式包含的宗教信仰非常豐富，而且也深深地滲透於民眾的生活習俗中，但正因為兩者緊密結合，長久以來，民眾沒有刻意去理解習俗化的齋醮儀式是怎樣一回事，或者追問儀式具有甚麼宗教意義。

一般而言，正一派的職業火居道士會承接齋醮、水陸超幽、酬神禮斗等功德法事。就度亡的齋事而言，儘管大多數喪家孝眷並不十分熟悉火居道士所做的功德法事程序，更不明白當中的用意，而一般火居道士也沒有向齋主講解儀式內容，但喪家孝眷仍會僱用火居道士為死者做打齋道場，盼望死者能「去得安安樂樂」。這種寄託在道教度亡儀式中的宗教希望，確實反映了救濟死者的宗教目的與「陰安陽樂」的宗教關懷。道教齋儀的

▲ 中元法會附薦靈位（香港青松觀）

目的是拔度先祖輩，消除亡魂在地獄之中積存的罪孽，解除他們在陰間所受的各種苦難，以及拯救在幽冥中尚未得到救贖的靈魂。

從另一角度來說，打齋度亡儀式又隱含著民眾對亡魂遠赴冥界的擔憂和害怕。這是出於一種對死魂走上冥途的信仰與想像，相信人死後會離家出遊，到地下陰間，如同生人出門遠行一樣。

一般而言，道教與儒家在處理死亡的問題上持有不同的方法和態度，道教完全以死魂在冥途上的最終歸屬為中心，並以此作為齋儀最關注的地方和救濟的目的，從而解決民眾對亡者死後何去何從的終極疑問。儒家把「死亡」當作禁忌，「未知生，焉知死」這句話，不單把生置於死之上，更不鼓勵生者去思考死亡的議題。相反，道教的生死信仰卻建立在「未知死，焉知生」的基本理念之上，並且提出一種「既知生，復知死」的宗教大智慧——生與死不應放在對立面上看待，道教希望以信仰的角度把人間與冥界連繫起來。

進入《了解道教》第五章，我們希望以道教對死者的救濟作為切入點，討論道教的生死觀，解說道教度亡儀式與民眾生活的緊密結合，並分析其宗教信仰如何體現於科儀的實踐中。本章首先闡釋「鬼魂」這個中國宗教信仰的基本象徵符號，並分析儒家喪禮與道教度亡儀式的不同目的，之後以香港正一派的齋儀為例，解說道教度亡儀式中的節次關係及內裡所包含的教義，最後討論道教打齋儀式背後的神學內容，指出儀式的最終目的是為了追求一個「無冤結」的理想社會。

☯ 第二節　中國宗教信仰基本的象徵符號：鬼魂

毋庸置疑，各種宗教傳統處理死亡議題的方法、儀式程序及背後隱含的生死觀各有不同。而「鬼魂」世界則是中國宗教信仰一個最基本的象徵符號，這牽涉了中國人對死亡的普遍看法與想像，道教對死魂的救濟及其習俗化的齋儀也是建立在鬼魂信仰的基礎上。

儒家向來較為迴避與鬼神有關的議題，《論語》中雖然也數次論及鬼魂，卻只採取一種敬而遠之的態度。例如季路曾經向孔子詢問祭祀鬼魂的事情，孔子回答說：「未能事人，焉能事鬼？」（〈先進篇〉）；〈述而篇〉也曾記錄孔子的言行，指其「不語怪、力、亂、神。」〈雍也篇〉中，樊遲請教關於「知」的道理，孔子表示專注在推動人民應盡的義務上，而不迷惑於鬼神之不可知的事情上，這樣可說是有智慧。

總括來說，上述引文貫徹了儒家「未知生，焉知死」的態度，其中〈為政篇〉所云：「非其鬼而祭之，諂也」更是指責鬼神祭祀，這種嚴厲的語調其實也反映儒家重視「未能事人，焉能事鬼」的現世倫理思想。

然而《論語》不能完全代表古代中國人的鬼神觀。例如西漢許慎《說文解字．鬼部》云：「鬼，人所歸為鬼。從人，象鬼頭。鬼陰氣賊害，從厶。凡鬼之屬皆從鬼。」這主要是指出人死後便會變成鬼。《禮記》也有不少論述提及死後歸土之「鬼」，例如〈祭義篇〉云：眾生都會遭遇死亡，死後身體會歸於土地，這就是鬼了。〈祭法篇〉也記錄道：大凡生長在天地之間的事物都叫做「命」，所有事物的死亡都叫做「折」，人亡故之後可以稱為「鬼」，這是五代以來都不曾改變的說法。〈禮運篇〉還介紹道：禮儀必然是源出於天，效法於地，參驗於鬼神。

這些漢代的論述皆客觀地道出鬼為人死後的存在。但中國人對「鬼」的想像還不止於此：鬼雖然離開了人間而歸於天地，但它還能對活人產生影響，或助佑，或作祟於人。所以若人夢見鬼，便要占卜它們是否會致禍；發生鬼祟則要祭告大山神，以禳禦鬼禍。這還牽涉了「鬼注」的概念，即指死魂在冥界的遭遇會對在世家人的疾病禍福構成影響。「注」，就是死魂回來注連生者，鬼注有時導致生人的殃厄及病亡。惡鬼、煞鬼、瘟鬼及敗軍死將之鬼都被看作可能殃及生人、傳播疾病、招致災殃及煞害六畜之鬼。

「祭鬼」的概念便是基於這種想像而產生，《論衡．譏日篇》曾描寫道：所謂祭祀是指為鬼供獻食物。鬼是人死後的精氣所化，如果不是死者的精氣，人們無法見到鬼飲食。由人生存在世的情況推斷其死後的情況，由人之間的相處推知怎樣祭祀鬼魂，見到活著的人飲食，就認為鬼魂也能飲食，感懷於物而思念故去的親屬，所以有祭祀的活動。

這種「鬼猶求食」的祭鬼想像，一方面是基於對故親的思念，以事人之道事鬼；另一方面也希望鬼得到祭祀後，不會作祟於生人。《左傳》就表示，如果鬼魂得到了祭祀，有所歸屬，就不會化為厲鬼為禍人間。這顯示祭鬼其實也是使鬼（亡者）有所歸位，不至於成為無主孤魂，並受後人祭祀。如此，鬼不會凶猛地作祟於生人，這同時也解決了人死後的歸向，提供了一個死後的寄託之所。因此，在中國土生土長之道教非常關心怎樣可以為死者解贖罪愆，消除鬼注，使其得到恰當的祭祀，同時可消解生者對鬼魂的不安和惶恐。

第三節　儒家喪禮

要處理亡者死後的問題，最直接和具體的方法是「葬」，即埋葬屍體。由於有「葬」，因此就有「喪」。在不同的宗教傳統裡，「喪」自然牽涉各種不同信仰傳統的「喪禮」或「喪儀」。雖然前文提及儒家向來以「未知生，焉知死」的態度迴避「鬼魂」一類的議題，然而儒家非常重視喪禮，因喪禮涉及祖先祭祀，這又有必要談及儒家重視以「孝」為中心的人倫秩序。

如前文論及的中國人「鬼魂」信仰，儒家的喪禮基本上也繼承「事死如事生，事亡如事存」的原則，主張對待死去親人仍應如其在生一般。套用儒家倫理來說，對長輩高堂的「孝」也應延伸至其死後。從《儀禮．士喪禮》的例子可見儒家將「孝」體現於喪禮，要求孝眷依照親疏等差，訂立對亡魂奠祭的事奉之道。這一方面可達到社會文化的整合，也讓喪家孝眷循禮而平穩度過失去親人的哀傷、悲痛過程，可謂是儒家在處理死亡時採取的理性態度。

值得注意的是，儒家喪禮所處理的「亡者」專指喪家的亡親，亡者與治喪者存有父母親屬關係，這樣，喪禮才能談得上可以發揮整合社會文化的作用。儒家喪禮的目的是希望死去的亡親得以歸入祖先之列，我們可以這樣歸納儒家的鬼魂觀：

一、人壽盡而死，死為鬼，為歸

二、歸入祖先的行列

三、立「神主牌」後，能讓家人定期祭祀

這套「死有所歸」的程序，便是儒家對先魂何處歸去的想像，亦是對生命歷程的一種理想期望。事實上，祠堂裡的亡親牌位（俗稱「神主牌」）以及墓穴皆代表儒家觀念中人死後的最理想狀態——入土為安、死得其所，這種「好死」亦代表亡故親人獲得定期的祭祀，使「孝」道得以延續。

然而，就一個個體生命的消失及其死後不可知的命運而言，儒家的喪禮及其死魂觀，並沒有直接觸及死亡和死後的世界。正由於儒家以「未知生，焉知死」的態度看待死後生命的問題，故並沒有清楚解說漂泊無依的亡魂究竟到了何處。對生者而言，因為親人離世而感到生與死的隔離，以致產生對亡魂處各種不安定和不安寧的想像，這些都是儒家無法直接處理的實際問題。

事實上，很多亡魂也不能被儒家「死有所歸」的禮制認定為可獲得子孫祭祀，特別是那些因「非自然死亡」（意外、橫死、自殺、夭折等）而成為「有怨有冤」的亡魂，他們便不能經由儒家理性的禮儀程序而重新獲得安定和安寧的狀態。更有甚者，不僅幽冥世界充滿各樣冤魂、怨魂，從古到今許多中國人仍視死亡為「污穢」，認為死人總是包含一種可傳染他人的「病氣」、「鬼氣」、「死氣」、「煞氣」。因為懼怕受染煞氣，許多親友都不願參與其亡親的喪禮。這些人對死亡根深蒂固的恐懼，也是在儒家理性的死魂觀以外真實存在的情緒。對於儒家未能顧及死後世界的問題，以及人們對死亡不自覺的惶恐，以致如何救度亡魂等宗教議題，道教都給予了特別的關注。

第四節　道教對死亡的終極關懷：度亡

道教對死亡的終極關懷表現在其對亡魂獨特的救濟方法，即是以科儀來救度亡魂。一般來說，「齋」和「醮」作為道教科儀的兩大類別，各自有不同的宗教目的：「齋」是超度幽鬼，拔度罪魂；「醮」是設壇酬祭神明，以謝恩還願、祈福禳災、除疫驅邪。道教的齋醮儀式在中國人的生活習俗中默默無聞地發揮其宗教作用。本節主要討論道教對死者的救贖，闡明道教如何以齋儀救濟亡魂。

▲ 打齋儀式（香港殯儀館）

「齋」在《說文解字》記為「齋，戒潔也」。另《禮記．祭統篇》記「齋之為言，齊也」，即是說「齋」其實是「齊」的意思，將不齊補足為齊就是齋了。齋有守戒、潔淨之意，又即整齊一身，整齊心中種種妨礙專心致志之雜念。

《禮記．祭義篇》更說出致齋（齊）於心、思念亡親的含義：「致齊於內，散齊於外。齊之日，思其居處，思其笑語，思其志意，思其所樂，思其所嗜。齊三日，乃見其所為齊者。」又云：「敬齊之色，不絕於面，孝子之祭也。」這是說致齋於內心，思念所祭對象之起居、笑語、志意、喜好、口味等，如此致齋三天，便如見亡親；而且孝子之祭應當保持恭敬守齋的神色、態度。這些皆表明齋儀本身的出發點與思念父母、祭祀死去的亡親有相關之意。

道教繼承了齋潔、齋戒的原始意義，進一步發揮齋的宗教作用。六朝靈寶經《太極真人敷靈寶齋戒威儀諸經要訣》說，修齋的作用可以感動天地，溝通群神，與神仙和得道之士相通，洞察至真，還可以解除世間的罪惡，減少凶險，摒除冤家，甚至可以修養道德，治癒疾病，救濟一切事物，和齋靜轉經的功效相當。

在當時，道教修齋之意義已超出了整齊、潔淨之意，它不單能通神致真，更可解罪濟物、治病滅凶等。劉宋道士陸修靜在《洞玄靈寶五感文》中尤為明確的說出各齋的不同修持之法，認為道教以齋戒為立德的根本，尋找真理的門戶。學道求仙的人，祈求福祉，希望可以成為積累福德的人家，但這並不能完全遵循個人的意志。因為個人的認識有深淺，悟道的工夫有優劣，資質和能力也有差異，所以能承擔的角色也各不相同。因此聖人將齋法分類，納入不同的軌道，大體分為九等齋，一共十二種方法。這裡提出因為各人的資質、領悟之迥異，故有不同的方法讓人修齋：除了強調齊整、專心致志、離群絕俗之上清齋法，也有以「有為」為宗旨的靈寶齋，即建立道場修齋儀，請道士建壇頌經，禮拜懺悔。

《洞玄靈寶五感文》十二種齋法的第二法稱為「黃籙齋」，有「拔度九祖罪根」的宗教作用。黃籙齋的對象不僅是先祖，也包括因為戰亂等原因而橫死的孤魂野鬼，但其救濟的前提是處理亡者生前罪過。南宋蔣叔輿（1156-1217）在《無上黃籙大齋立成儀》中云：「靈寶齋，上解宿世重過，拔度惡緣，下解己身積行以來所犯罪愆」，強調設齋解除過犯與罪愆，同時，這些罪愆不單是「己身積行」的，還有自「宿世」而來，即是先人的餘殃。這顯示道教的罪過觀（又稱「承負」）是家族性、宗族性的，個人此生受到先祖的罪過影響，同時個人今天的罪過也會殃及自己的子孫。

因此，懺悔謝罪是道教齋儀中最不可少的組成部分。如《太上洞玄靈寶往生救苦妙經》告誡弟子：無論男女都要秉持一念，發心精進，修齋七日七夜，每當十齋日要持長齋食素，一日當中的十二個時辰都必須燒香行道。經文還強調，要延請諸道師，建立道場，燃燒四十九盞燈，懸掛旛蓋，轉讀《太上洞玄靈寶往生救苦妙經》，一晝夜重複七遍，共須懺悔七日七夜。這樣才能根除故去親屬的罪孽，使靈魂得到解脫。

這裡明言修齋七日七夜，其內容包括請師、立道場、燃燈、懸旛、頌經，其儀式的重心在於懺悔七日七夜，這樣便能除去先祖的罪根宿業。我們很多時候看見道士為亡者打齋，見到道士施行各種法術，便以為整個度亡救濟的過程是依賴道士的法力，其實亡者獲得超度的先決條件還是要懺悔其罪，道士才可藉此求神明的力量，解除亡者的冤結和罪過。打齋儀式中的誦經拜懺亦是希望亡者聞經而能懺悔。

此外，黃籙齋還會同時救濟「孤魂野鬼」，即是那些無主孤魂，無人祭祀的遊魂。香港最常用的祭幽科儀本《先天斛食濟煉幽科》的起首便指出拔度的目的：「十方靈寶，三界諸天，神光普照燭無邊，四生出九泉，六道消冤，十類早昇遷」。「四生」是指胎生、卵生、濕生、化生，是世界眾生之分類；道教所謂「六道」是指天道、神道、人道、地獄道、餓鬼道、畜生道，乃眾生輪迴之趣。事實上，這些幽鬼孤魂歷盡地下三途五苦，久處幽陰，無人祭祀，他們最終是否得到拔度解脫，同樣繫於其謝罪懺悔所結的功德結果。例如唐代杜光庭（850-933）《道教靈驗記》記述修黃籙齋的無上功德稱：眾生的罪業重大，可以解決的無過於黃籙道場，道場中的儀式祈告天地三日三夜，燒香散花，懸掛各種旛蓋，歌讚禮願，懺悔拔罪，救度亡魂，解除冤對，這是最為勝妙的方法了。可見眾生能透過黃籙道場（打齋）而解除冤對，達到受度的目標。

在中國各地流行使用的齋儀中，太乙救苦天尊（青玄上帝）是掌管超度的最主要神明。道士在行儀中存想太乙救苦天尊，以濟度幽鬼孤魂。例如清代蘇州《太極靈寶祭煉科儀》就這樣描寫道：

存想太乙天尊，駕九頭獅座，右手執楊枝，左手執水盂，往空懸之中。救苦天尊念此孤魂苦惱，常以放光遍照，灑甘露以濟飢渴，悉令孤魂皆得飽滿歡喜。

存見救苦天尊，普放慈光，遍照大地幽魂，幽魂乘光而至。存光明照見刀山劍樹鑊湯爐炭，諸大地獄頓然悉化清淨妙境。存慈光照遍法界，幽魂皆得天尊慈光接引到壇。

存想救苦天尊，在空懸之中，左手執水盂，右手執楊枝灑淨，孤魂皆沾甘露法味。

不單在齋儀中救濟幽魂，太乙救苦天尊還如佛教的觀音般，可尋聲救苦。《太上洞玄靈寶三塗五苦拔度生死妙經》稱：東極宮中有尋聲救苦天尊，又稱作太慈仁者，立下宏大的誓言，普救眾生，在億億劫中度無數人。凡人只要能回頭，秉持一念歸依天尊，集中

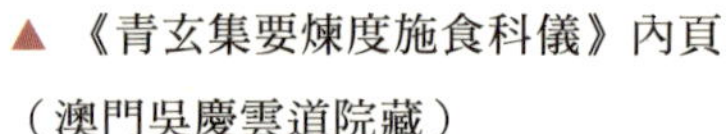

青玄集要煉度施食科儀 上

香讚

凡登壇者必先齋沐嚴潔精誠運心皈向然後和神調氣乃可誦讚

道德真香梵起冲霄漢臣等虔誠爇向金
爐放瑞氣氤氳遍滿十方上諸聖遙聞錫
福消災障 朝禮
香雲蓋大天尊

▲《青玄集要煉度施食科儀》內頁（澳門吳慶雲道院藏）

▲ 太乙救苦天尊像

精神想像天尊的尊容，稱揚天尊的名號，尋求天尊的聲明而感念於中，便會得到恩慈垂顧，一切苦難都得到救護。因此太慈仁者獲得名號「救苦天尊」，天尊勸導眾生禮念《太上洞玄靈寶三塗五苦拔度生死妙經》以獲得救度。又如《太上洞玄靈寶往生救苦妙經》所記：如果有人未能遇到這部經典而墮入地獄，只要稱揚三寶的名聲，天尊就會尋聲而往，拯救他脫離地獄，升上天堂。

在這些道經中，太乙救苦天尊會親自尋找地獄中亡魂的呼喚聲，並親至地獄拯救罪魂。這其實也是道教「普度」思想的延續，亦可理解為太乙救苦天尊在普濟孤魂的打齋儀式中的作用。

第五節　香港殯儀館與道教正一齋儀

就選擇亡親的喪禮儀式而言，現今大多數香港民眾都會採用道教打齋的儀式，在殯儀館為亡親作超度的功德法事。自一九七〇年代中期以來，殯儀館服務開始普及，每間殯儀館都設立「喃嘸法事部」，方便直接為喪家提供喪葬服務，自此喃嘸道士人數開始增多。九龍紅磡區於八十年代前已出現三所殯儀館，包括世界、萬國、市政（現已易名為福澤）殯儀館。而長生店為了招攬生意，方便顧客，陸續從油麻地遷到紅磡；殯儀館附近的街道，如溫思勞街和曲街，便已約有十多間私人開設的喃嘸道院。根據行內人估計，香港職業喃嘸道士約有五百多人，每晚在各殯儀館舉行的道教齋法喪禮儀式，至少有五十次壇場之多，佔各種宗教喪禮儀式之首。這說明中國廣東地區的民眾普遍接受和採用「道教化」的喪葬儀式。

進一步來說，殯儀館化的道教打齋儀式，是香港正一道教處理死亡的典型模式。很多人會著眼於這種模式的「商業化」狀況，但從另一個角度來說，這反映了道教儀式的「專業」。除了在市區殯儀館附近的喃嘸道院外，還有一些生活在新界圍村原居民地區的「鄉村喃嘸先生」，他們的打齋文化已被殯儀館邊緣化。在香港道教的齋醮儀式傳統中，目前只有打醮儀式（太平清醮）透過「非物質文化遺產」的名目而保存下來，道教正一派的打齋傳統反而在殯儀館中得到更好的傳承。

傳統道教齋儀的時間要求有七日七夜或三日三夜等，但現時在殯儀館舉行的打齋法事儀式，已經因為城市化及商業化的影響，大約只用三個小時便完成了，一般是在晚上七時左右開始。科目包括：

一、開壇請聖
二、啟靈召亡
三、開經拜懺
四、破九方地獄
五、引亡魂遊十王冥殿
六、沐浴
七、過金銀仙橋
八、散花解冤
九、施食祭幽（俗稱「坐蓮花」）
十、送亡離位

上述十個科目已成定本，每一科目也有其背後的理念、邏輯，照本宣科的道士不能作刪減，若時間緊湊，也只會加快誦經速度。由於時間的限制，喃嘸道士當然不可能將原來費時數天的齋儀完整地在三小時內逐一呈現出來，但這套現今流行於香港的簡化本，就其架構，甚至其儀式節次、內涵而言，還是充分地體現出道教打齋儀式對救度亡魂的處理程序，我們從中可透視齋儀背後與死亡有關的道教教義思想。

打齋猶如一齣超度亡者的儀式劇。「開壇請聖」是此劇的開場戲，道士以靈符神水灑淨，模擬出「聖域」，祈請諸神降臨。接著道士呈上表文請聖，祈請諸神、仙聖駕臨道場，借其不可思議的功德，濟度亡魂。之後便是「啟靈召亡」，由道士振鈴三召請，召引亡魂前來聽經聞法。

在打齋的功德儀式中，「開經拜懺」儀節本應是打齋的重心，道士向召請來的亡魂禮懺誦經，希望藉著天尊上聖的法音，幫助亡魂在聽經的過程中了悟並懺悔其生前所作之罪過，求得到天尊的赦罪。前文曾提及，除了亡者外，累世先祖之亡魂及其他「四生六道」的幽鬼，也會受召前來聽經，以求罪赦得救。道教超度亡魂的前提，正在於亡者懺悔其生前罪過。只是今天在香港這套殯儀館的簡化齋儀中，「開經拜懺」這部分因時間緊迫，已濃縮至十多分鐘。

打齋儀式中的「破九方地獄」、「引亡魂遊十王冥殿」、「沐浴」、「過金銀仙橋」、「散

▲ 香港正一派攝召科儀

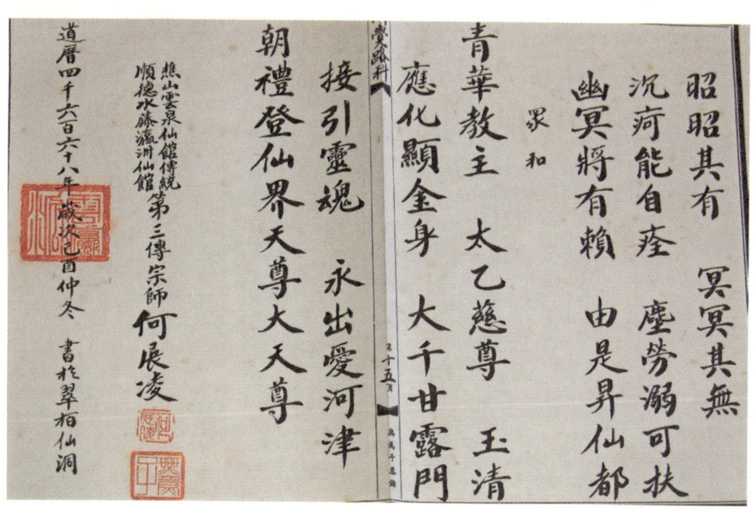
昭昭其有　冥冥其無
沉疴能自痊　塵勞溺可扶
幽冥將有賴　由是昇仙都
衆和
青華教主　太乙慈尊　玉清
應化顯金身　大千甘露門
接引靈魂　永出愛河津
朝禮登仙界天尊大天尊

樵山雲泉仙館傳統
順德水藤瀛洲仙館第三傳宗師何展凌
道曆四千六百六十八年歲次己酉仲冬　書於翠柏仙洞

▲ 何展凌道長於己酉年（1969）手抄的《散花科》（翠柏仙洞藏）

花解冤」，一直到「施食祭幽」，都是道教在試圖讓亡魂從陰間受苦報的狀況轉回到生命的初始，徹底地救濟亡魂。

破地獄儀是諸科中最具象徵性的儀式。現存市區殯儀館所見的破地獄儀被排演成一齣非常富有動感的儀式劇，甚至成為整套打齋儀式最扣人心弦的場面。破地獄所需的物品包括九張紙剪的鬼面（或九隻鴨蛋）、九片瓦及油碟，象徵九重幽獄。科目開始時，孝子手抱亡者靈牌（正薦和附薦），擔著靈幡接引亡魂，由喃嘸先生帶領轉行壇場多次。接著扮作蛟龍童子化身的喃嘸先生，執法劍按順序打破九塊瓦片，每塊瓦片象徵一重地獄城門，直到九重地獄的城門都打破，喃嘸先生便背著亡者靈牌噴火三次，跳過火堆，象徵亡魂脫離地獄火海。破地獄儀中就有以下一段唱誦，想像亡魂在地獄之拘禁中被解放出來：

玉京仙範下瑤台，童子傳言地獄開。孽海波濤皆息浪，鍋湯爐炭化寒灰。
真符告下羅酆去，冥府仍將淨魄來。觀聽法意消萬罪，三途五苦免輪迴。

在亡魂聞經懺悔並得脫離地獄的拘閉後，道教打齋度亡儀式接著將關注點放在亡魂能否

「再生」，體現了「受煉升仙」的道教終極理想。但是因為亡魂在沉淪地獄時，已經受三塗五苦之罪罰，形體早已殘缺損破，若想回復原形，亡魂應先受天河靈水沐浴，滌除垢穢，這便是「沐浴科」。

到了「過金銀仙橋」科目，親屬孝眷更形象化地「參與」及「目睹」亡者超升仙界的過程，從現代心理學上來說，這對喪家孝眷具有心理安撫治療的作用。道士引領亡者的家屬手持靈幡和正薦、附薦之靈位，眾孝眷相隨其後，魚貫走過奈河橋（俗稱金橋、銀橋），表示亡魂過了此橋後，便遠離陽世的眷屬，死後升仙而去。從象徵意義來說，送魂度橋一方面能夠使陽間眷屬親友再次表達對亡故者的挽留與思念之情，另一方面這又是一種過渡儀式，使孝眷對亡者冥遊的悲傷通過儀式動作，轉化成為對亡魂復命升天後過著神仙生活的憧憬。

「散花解冤」是用四十九枚銅錢扣紐相開後，再一一解結，象徵亡魂生前的罪愆和恩冤以及死後陰訟冤仇都得到解決，從此獲得升仙。以花的散落比喻亡魂的罪愆最終得以消除，行儀的喃嘸道士會唱誦：「法侶今將花散去，亡靈有罪願消除，仙花散漫飛，遍滿無邊際。今日亡靈親受度，逍遙快樂南宮裡。」

香港道教正一派的齋儀沒有包括「煉度儀」的部分，「施食儀」已是殯儀館喃嘸齋儀的高潮科目。所謂「施食」是向幽鬼孤魂分衣施食，解其飢渴寒苦。施食儀代表道教對幽冥世界的四生六道無人祭祀鬼魂的「普度」關懷。從施食科書文字，我們看到道士志心召請的幽鬼包括在天道、神道、人道、地獄道、餓鬼道、畜生道中輪迴的生命，無論胎生、卵生、濕生或化生，有主或者無主的所有男女孤魂野鬼等。這些幽鬼都於今夜此時，來赴道場，接受甘露法食。

施食儀是一種兼及各種生命的普度。香港道堂施用的科本《先天斛食濟煉幽科》云：太乙慈尊降甘露，三天的法事中提供無量的食物，充滿整個法界，救濟你們這些飢渴者，清靜而沒有色聲，飢虛的人得到飽滿，熱惱的人獲得清涼。一切飢渴的人，都一同登入極樂世界。這段文字也表明「施食儀」的重點是廣濟飢者。《靈寶玉鑑》卷三十六〈變化法食門〉說：茫茫世界中，凡是有形相的事物，無不是都以飢寒為最迫切的狀況，至死都不能遺忘這一點，因此靈寶大法有濟度幽冥的儀式。

死後的亡魂在陰間飽受飢渴寒凍之苦，故有施食之儀。道教相信在地下冥界未脫罪的亡魂必遭受各種痛苦的際遇，特別是那些無家可歸、死後無人埋骨安葬、無人祭祀的幽鬼孤魂，他們歷盡地下三塗五苦，久處幽陰，形體飢寒，想念世間飲食，故稱為地下的餓鬼。元代《太極祭煉內法》對此描寫道：人死後，魂上升而魄下降，這是很平常的事情。亦有魂魄不能升降而滯留在昏冥之中，他飢渴而求食的慾望，在幽暗之中尋求解脫的願望，在茫茫長夜中沒有停止。

這正道出餓鬼作為人死後的非常態，淪滯於幽冥的慘況。如前所說，這些無人祭祀的幽鬼孤魂的怨懟更大，他們在一般情況下都不能有所歸往，即是不能夠像其他亡魂那樣受到家人供奉祭祀從而進入祖先的行列。因此，為幽鬼施食分衣，解其飢渴寒苦，使其在陰間得到安穩，這是道教祭幽儀式的重要救贖目的。

前面解說了香港殯儀館的正一打齋儀式，然而這並非香港打齋實況的全貌。就使用的科本而言，現時香港通用的齋儀祭幽科本有三種，包括：一、市區殯儀館正一派道士使用的《青玄集要煉度施食科儀》；二、新界正一派道士的《普施煉幽金科》；三、大多數香港道觀或道堂採用的《先天斛食濟煉幽科》。其中正一派的《青玄集要煉度施食科儀》原在廣府語系地區流行，後在上世紀四十年代二次大戰時隨廣州正一派道士傳入香港，現存最古老的版本出自廣東的東來經閣，是清光緒年間的重刻本，開首更附有一篇雍正

▲《先天斛食濟煉幽科》書影（蓬瀛仙館藏）

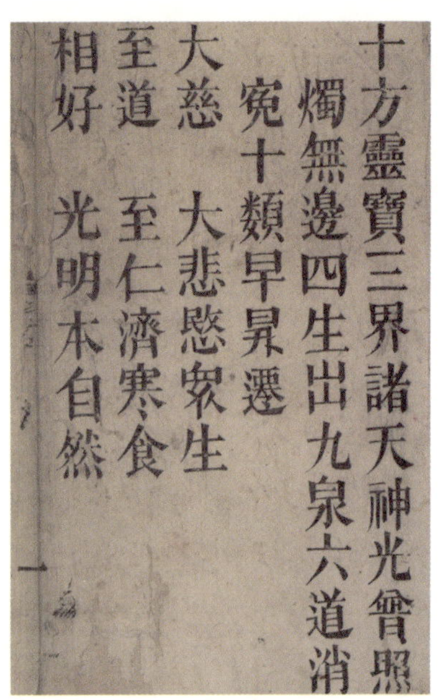

十方靈寶三界諸天神光普照
燭無邊四生出九泉六道消
寃十類早昇遷
大慈 大悲愍衆生
至道 至仁濟寒食
相好 光明本自然

▲《濟煉全科》（三元宮藏板）

▲《青玄集要煉度施食科儀》

書影（澳門吳慶雲道院藏）

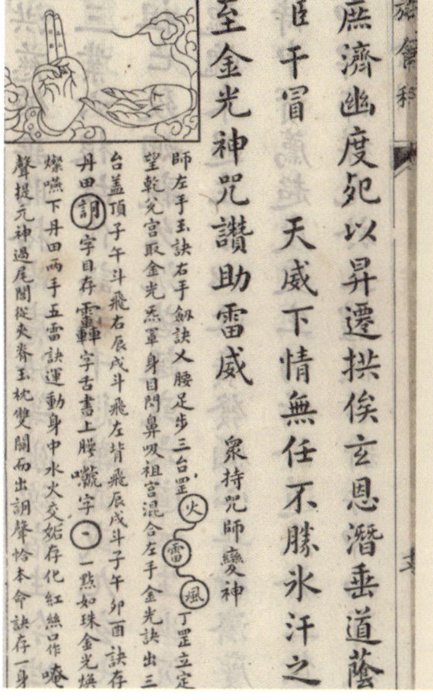

庶濟幽度死以昇遷拱俟玄恩潛垂道蔭
臣干冒天威下情無任不勝氷汗之
至金光神咒讚助雷威　眾持咒師變神
師左手玉訣右手劍訣叉腰足步三台罡 火 雷 風 丁罡立定
望乾兌宮取金光炁罩身目閉鼻吸祖宮混合左手金光訣出三
台蓋頂子午斗飛右辰戌斗飛左背飛辰戌斗子午卯酉訣存
丹田 訶 字目存轟字舌書上腭嚱字 一點如珠金光煥
爍噏下丹田兩手五雷訣運動身中水火交姤存化紅絲口作唵
聲提元神過尾閭從夾脊玉枕雙關而出訶聲恰本命訣存一身

▲《青玄集要煉度施食科儀》

內頁（澳門吳慶雲道院藏）

▲ 香港信善三分壇普度幽科

年間的序文。現時香港殯儀館所見的超幽儀式只是採用了此科儀的節錄本，大約四十五分鐘便可完成全科。《普施煉幽金科》的出現至少可追溯至清末，是源於廣東府東莞與新安兩個地區的民間正一派傳統。而《先天斛食濟煉幽科》則是根據同治元年（1862）廣州三元宮藏本之《濟煉全科》刊印，內容包括「煉度」、「超幽」、「施食」三個基本內容。

與前面詳列的香港殯儀館正一度亡科儀不同，崇奉呂祖為主的香港道堂或全真教道觀，如蓬瀛仙館、圓玄學院、青松觀等香港著名道觀，另有一套稱為「三齣頭」的度亡範式，意指有三齣儀式的演習，即：一、開位攝召科；二、關燈散花科；三、濟煉幽科。三個科目儀式中，以濟煉幽科的規模最大，時間也最長，從頭到尾要花三個多小時，這便是演練《先天斛食濟煉幽科》。濟煉幽科一般也是由一位高功法師主持，簡稱「放單清」；但若是大規模的道場，則由三位高功法師主持，其餘參與的都講、監齋、侍壇、經生則可多達五十多位，場面宏大，佈壇精美，道堂術語稱為「放大三清」。

第六節　道教打齋儀式背後對亡魂在幽冥地獄的處境想像：齋儀神學

我們在前面已經分析了道教打齋儀式的固定科目與結構，接下來將檢視這些科目背後的一套道教濟度亡魂信仰、生死觀，可稱之為「道教齋儀神學」。

一、冥途之旅

道教依據一套死魂在冥途之旅的想像模式，相信死魂是離家遠行，去了一處完全陌生的陰間。在道教齋儀中，為亡魂開通冥路也是不可缺少的部分。道士先要為死魂開路，提供一張「冥途路引」（簡稱「路票」）。在打齋儀式中，道士除了先用火焚化一張「冥途路引」給亡者之外，還要另備一張與亡者隨葬。這是想像地下冥途遍設各種關卡，如無「冥途路引」，守關鬼卒便不會放行亡魂，或甚至加害於亡魂。

「冥途路引」上面寫著：「太乙救苦天尊懇恩頒降冥途路引一張，給付亡魂，隨佩帶所過幽獄地府冥司不待攔阻，驗引放行，仍為部領亡過。」冥途路引借用太乙救苦天尊的名義頒發，供亡魂隨身佩戴，其作用是使死魂可以憑此順行冥途關津，不會遇上險難阻礙。冥途路引顯示了道教著重關注亡魂如何順利經歷冥途之旅，怎樣解除其在生時的罪過，以及如何能最終回到生命的始點。

二、死魂在冥界的罪罰處境

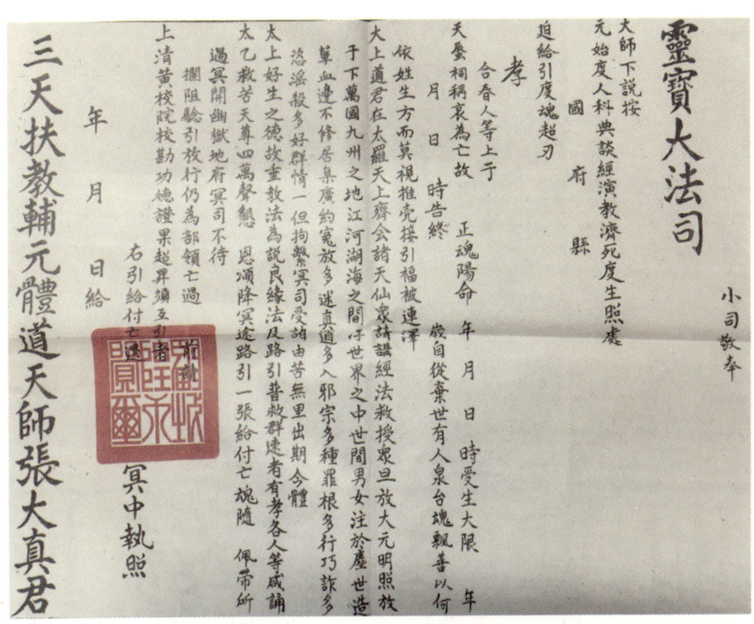

小司敬奉

靈寶大法司

大師下説按

元始度人科典談經演教濟死度生照處

國　府　縣

追給引度魂超刃

孝

合眷人等上于

天蚕祠稱哀為亡故　正魂陽命　年　月　日　時受生大限　年

月　日　時告終　歲自從棄世有人泉台魂飄善以何

依姓生方而莫視推完接引福被連澤

大上道君在太羅天上齊会諸天仙衆請讃經法救授衆旦放大元明照放

于下萬國九州之地江河湖海之間仔世界之中世間男女注於塵世造

華血邊不修居集廣約寃放多迷真道多入邪宗多種罪根多行巧詐多

恣淫殺多好群情一但拘繫冥司受諸由苦無里出期今體

太上好生之德故垂教法為説良緣法及路引普救群迷者有孝各人等咸誦

太乙救苦天尊四萬聲懇　恩頒降冥途路引一張給付亡魂隨　佩帶所

過冥開幽獄地府冥司不待

攔阻驗引放行仍為部領亡過

上清黃校院校勤功德證果超昇須至引者

右引給付亡過　前魂　冥中執照

年　月　日給

三天扶教輔元體道天師張大真君

▲ 冥途路引（香港正一派用）

▲ 冥錢（黎志添教授藏）

▲ 冥錢（黎志添教授藏）

道教相信眾生的苦難並不因為死亡而完結，幽魂在茫茫長夜的冥界同樣繼續備受苦痛。孤鬼在幽冥的苦難與累世先人尤其是個人生前的罪愆有關，因此《普施煉幽金科》說：黃泉路上沒有人情，孽鏡台前將區分善惡，到了這個時候，後悔已經太遲，沒有返回的餘地，為甚麼當初不早點悔悟，以免受到今日的辛酸，輾轉輪迴，怎樣才能得到解脫呢？這正是提醒生者，人死後方進入「察善惡，定賞罰」之時，若不為善，死後便要承受罪罰之果。而《先天斛食濟煉幽科》更明確的說出：當報應到來的時候，罪惡就沒有地方隱藏，所以死後會受到陰間的制裁，難以獲得超升。

道教打齋儀式是建立在死魂罪重受苦的「罪罰」信仰之上的。例如早在六朝時期的靈寶經《洞玄靈寶長夜之府九幽玉明真科》已說明人死後之苦況：死後會受到嚴厲的對待，罪惡的靈魂將被拘禁起來，徑直送入地獄，受到各種痛苦的折磨，那種苦痛難以忍受。其後經文又描寫道：餓鬼死魂赤裸著身體沒有衣服穿，頭和腳上都戴著鎖械，腳底立在刀山上，身上背負著鐵杖，大小鎖鏈相互連接，身體都爛壞了，生前的樣子完全看不出來。亡魂餓了只能吃火炭，渴了只能喝火精，滯留在三塗八難之中。

這些關於「三塗、五苦、八難」的描寫在《太上洞玄靈寶三途五苦拔度生死妙經》又有

▲ 陰府牛頭馬面（北京東嶽廟）

如下定義：

所言三塗者，一者地獄，考對前非；二者畜生，償酬往業；三者餓鬼，苦懟最深，渴飲火精，飢則食炭。

五苦者，刀山、劍樹、銅柱、鑊湯、溏汲溟波，是名五苦。

八難指無法成為如下八者：一、進入為人的輪迴；二、由女子變為男子；三、形體得到完整的保存；四、生長在國家的腹地；五、碰到有道的君主和父輩；六、做到稟性慈仁；七、出生在國土太平的時代；八、與道教的道、經、師三寶相遇。如果這八個時機都碰到，是為大善因，如有不具備者，則就要成為「難」了。總括來說，道教認為亡者在死後世界注定要受各種苦痛，而且即使刑滿可離地獄，但仍是走不出三塗、五苦、八難。

三、罪過的由來

如上文所說，亡者在死後必然受苦是因其「罪重」，那麼罪過從何而來？《先天斛食濟煉幽科》提及亡魂生前的種種罪惡，如不敬天地、不信神明、不忠君王、不孝雙親、妄殺充腸、奢穿過分、黑心欺騙、惡口背倫、打公罵婆、凌奴恨婢、為官貪酷、作吏刁奸、唆弄是非、拋散五穀等，並解釋種種罪過的根由說：

- 只因生前肆惡，縱性妄行，不敬天地，不信神明。
- 自昧心田，一生縱性妄行，不肯回心向善。
- 人生一片貪嗔痴，不悟終然成苦海。

道教把人的罪過責任歸之於人自己縱性妄行的結果。每個人雖然原有向善之心，但由於受到世俗物慾及流行的價值觀所迷惑，因此失去識悟和辨別善惡是非之心，以致縱性肆惡。所以，道教所謂的罪是以德行為準則。

四、祖先及子孫的罪謫

據上所述，道教對幽冥世界有豐富的想像，是基於其相信人在今生今世所犯的罪過會延續到陰間，在那裡繼續承受冥官的考校懲罰。這種罪罰報應的思想不僅影響個人，還延伸至祖先及後世家族成員。死者在陰間的命運與其祖先的功德相關連，早期道教《太平經》已有所謂「承負」的說法，即是說先祖的罪過，若死前算不盡，會流及其子孫。《太平經》說：「承者為前，負者為後。」承者就是指先人承受天心而活動，小小的過失，自己並未留心，時間久了，聚少成多，令後人無辜受到其罪過的牽連，並承擔其帶來的災難。這裡所說的罪過是家族性的，即我們會承受先人積下來的過謫，同時我們的罪過也會由後人承受。刪減壽算、疾病災禍則是最基本的判罰。

五、陰陽兩界互通

再進一步說，判罰的內容除了減壽與降災外，有時候更會有跨越仙界、人界的降謫。道教的世界觀強調死與生兩個世界有著密切的聯繫，甚至可以互為影響。不單如此，道教認為仙界、人界和鬼界是變動而關連的。正如陶弘景（456-536）在《真誥》卷十六中指出，天地之間的道理不能僅從一己內心出發而求得，幽顯之間有三個層級互相關聯，上層是仙，中層是人，下層則是鬼。善良的人可以升為仙，如果神仙受到了貶謫，就會轉變成人，惡毒的人會變為鬼，如果鬼獲得了福報就可以重新變為人，鬼學習人世間的規則，而人學習成仙的方法。如此循環變化，相互之間又可互通，這正是隱顯之間的微小區隔。

仙人若有罪過，便會被降謫至人間，甚至若再行惡，可成鬼；相反，死者鬼魂從冥界也可升入仙界。

這種陰陽兩界、仙人鬼三界互通的說法，一方面提出因罪受謫的可能，即「發生疾病災禍—罪過—地獄考罰受謫」；但同時也給予世人可以成仙的希望，因此促使了人心向善，修齋建立功德，以期改變世間苦痛，即「修齋懺悔—乞求太乙救苦天尊拔度—消解罪罰」。道教的倫理觀與生死觀緊密結合，又可顯出兩者的雙重性。

六、死魂注連：陰不安、陽不樂

同時，陰陽世界的互通不單在於人、鬼可因賞罰而在不同世界裡流轉，死者鬼魂在冥界遭遇的命運亦會同時影響在世家人的疾病禍福。這種由於死者的罪及其所受的苦難而連累生人患病得災的觀念，道教稱之為「注連」、「復注」。基於相信死者鬼魂會回來注連生者，在六朝之前，道教便非常關心怎樣可以為死者解贖罪怨，同時消除生者對鬼魂的惶恐不安。

七、解罪

由於道教的罪報觀及其相信陰陽兩界可以互通，打齋的首要救濟目的在於解除亡魂生前的罪過及其在地獄的罪罰苦難。換句話說，道教不止面對死亡問題，更關注到亡者在冥界的種種慘痛遭遇，尤其是以死後世界的視點關心死魂，注目於個人及累世先人積聚下來的罪愆。

道教打齋儀式能有效解脫亡魂生前的罪過，這可以說是功德的轉移，累世先祖和受召請來的「四生六道」幽鬼也可聞經聽法，孝眷修齋的功德也可隨之轉移，赦減其先人積下來的罪過。由於道士在打齋儀式中頌經，這可使亡故的先人同時得聞經教，懺悔生前的罪過。

八、懺謝罪愆，與道契合

關於懺謝罪愆，《洞玄靈寶齋說光燭戒罰燈祝願儀》云：「懺謝罪咎，請乞求願，心丹至誠，謙苦懇惻。」即要求亡魂抱著誠懇、謙遜的態度，為以往所犯罪愆悲痛悔過。

《先天斛食濟煉幽科》中有一段情辭悲憫的「嘆骷髏」，是南華真人（莊子）遊楚國時見一骷髏而作的嘆詞，其文字如下：

主白：

汝等眾魂，既已病安疾愈，得返原形，向因久滯陰司，尚恐愁煩未釋，滿胸熱惱，難謁高真，本壇述一小詞，眾魂少開積悶。昔南華真人，遨遊楚國，見一骷髏，嚣然仰臥，遂作嘆詞一首，大眾述而歌之。

眾和：

昨日荒郊去玩遊，忽覩一副白骨骷髏，嘿然無語臥荒坵，冷愀愀，風吹敗葉，滿徑堆愁。

骷髏骷髏，四體推殘，無個人收，雨打風篩經幾秋，恨悠悠，不聞人語，惟聽溪流。

骷髏骷髏，眷屬無音，恩愛全休，想是生前總欠修，廣愆尤，光陰迅速，頃刻難留。

骷髏骷髏，半世行藏，恍似浮漚，富貴功名怎到頭？枉營謀，金珠萬斛，難續咽喉。

奉勸人生急早修，莫優游，早求解脫，同赴瀛洲。

主白：

大眾歌罷嘆詞，幽魂愁懷頓釋，各生歡喜，靜聽良言。

這段以淒怨廣東南音唸白的嘆詞，除了對骷髏所代表的亡魂充滿憐憫與關懷外，同時又向其勸善說教。「富貴功名怎到頭？枉營謀，金珠萬斛，難續咽喉」一句，指出道教的人生價值不在累積此世的富貴功名和財寶。道教的成仙之法自有其與世俗價值不一樣之處，嘆詞明確地提出了一條從死得生的救贖之路。

《抱朴子內篇》卷二〈論仙篇〉曾談及升仙的途徑：想要求得長生，修煉最高的道，訣竅不在於有多少錢財，而在於個人的志向。人如果並非立定志向，雖然身居高位並且擁有諸多財產，也可能成為成仙的負擔。這是為甚麼呢？學仙的方法，首先是希望可以保持澹泊愉悅的心性，滌除對慾望的渴求，關照自己的內心，聽取別人的意見，求得醒悟，遵從基本的需求而不汲汲於外界的慾望。因此能得入仙道的人，很多都是貧賤的人，而非有錢有勢者。

這裡指出要想得道升仙，便要淡泊去欲，返樸歸真，故反而貧賤之人較多成仙。事實上，道教提出皈命三寶及遵守九戒方為解罪的最根本出路。《先天斛食濟煉幽科》屢屢談及幽鬼要為一己的罪過懺悔，把生命的方向重新轉向道、經、師三寶的正途，並在實踐上，依科行九戒，回心向善，修真返魄還魂，以求列位於三天之上。關於皈依三寶，《先天斛食濟煉幽科》記曰：

志心一念皈依道，從今不墮冥曹……；

志心一念皈依經，從今不墮幽冥……；

志心一念皈依師，從今早悟真如……。

又記三寶若已皈依，已備窮源之學，則宜受九戒，以竟全功：

第一戒者初真戒，敬讓孝順父母……；

第二戒者念真戒，克勤忠於君王……；

第三戒者持真戒，不殺慈救眾生……；

第四戒者守真戒，不淫正身取物……；

第五戒者保真戒，不盜推義損己……；

第六戒者修真戒，不嗔凶怒凌人……；

第七戒者成真戒，不詐陷害良善……；

第八戒者得真戒，不驕傲慢至真……；

第九戒者登真戒，不二奉戒專一……。

從宗教信仰的角度來說，道教宣揚皈命道、經、師三寶，其實是要指出一條通往神聖之路，提出人如何能夠重新連接至神聖的生命。在皈依道經師的宗教理想裡，道教信徒重新經驗到與道——萬物的根源、終極的本體或神聖的世界——的連接與契合。

☯ 結語：道教拔度亡魂的目標——「無冤結」的理想

道教對死者的救濟和打齋喪儀，建立在「既知生，復知死」的思想基礎上，試圖把人間與冥界連結起來，提供一條解除死者罪過和苦痛的道路。道教對幽鬼孤魂在地下冥界遭受飢渴淪滯的關注，其緣起也是與道教追求一個「無冤結」的理想社會有關。要達成一個「無冤結」的社會，必先解除人間與地下幽冥兩個世界的種種罪愆和冤懟。

總括來說，道教首先不是從神學教義的解釋入手去處理死亡的本義，也沒有直接發展出一套可對外宣講的明確生死觀，但道教齋儀本身已經是這些抽象觀念的體現。道教的齋儀是有定式的，其背後有著深厚的宗教意義。正如道教著名學者施舟人所說：「道教儀式之所以被稱為科教，是因為在科儀裡便有教化了。」

道教同時關注亡魂如何順利經歷陰間冥途，解除生前以至先祖積累下來的罪過，最終重回生命的大源頭。

習俗化的打齋儀式已成為中國人處理死亡與喪葬的首選，即使在香港這個多元化的現代中國人社會，道教科儀傳統或許會因應社會的商業化、世俗化、城市化而調整，但它仍然是香港人生活習俗的一部分。因為道教齋儀有深厚的社會基礎，它不單會繼續存在，還會為現代華人在整合生死禍福、超越苦難的終極問題上，持續提供方法和答案。

後跋　如何進一步了解道教文化

《了解道教》終於送到三聯書店出版了。從一九八九年秋負笈美國芝加哥大學神學院攻讀宗教歷史學和道教研究開始，及於一九九五年初完成研究葛洪《抱朴子內篇》的博士論文後回到香港中文大學執教，一直至今，筆者從事道教研究的學術工作已將近三十年了。在這些年裡，除了孜孜不倦地推進道教文化的學術研究，希望重新把道教研究栽接回現代高等學府的學術領域之外，筆者亦深感道教文化普及的任務相當重要和迫切。要實踐這個目標，就必須走出學府，讓社會大眾有機會得到普及道教文化的知識。

這本小書的出版原意正有這種抱負和目標。正如筆者在序言所說：「希望對道教信仰文化有興趣的有心人通過閱讀《了解道教》得以進入道教的世界，是這本小書的出版初衷。」然而如何能從有心了解的階段再進一步認識道教文化呢？筆者於附錄為大家提供了一份《了解道教》延伸閱讀書籍目錄，相信要進一步成功地去了解道教，仍然需要我們繼續努力學習與探究。對於道教文化研究的未來發展，筆者認為，一方面研究道教不能脫離中國傳統文化研究的學術處境及其豐富成果；另一方面，道教文化研究的質量和學術水平，亦必須不斷提升和深化。筆者在結束本書之前，嘗試在這兩方面拋磚引玉，謹希望本書讀者能够繼續思考。

中國傳統文化內涵廣泛、淵源深厚，亟須進一步整理、研究和弘揚。其本身即帶有所謂的本土性，包含大量需要從中國文化本位來思考的學科。從詮釋學的角度出發，任何研究者都不可避免地帶著自己的文化身份，所以研究自身的傳統文化是合理適切的，而且更能使研究者產生責任感和使命感，這也有益於整理、研究及弘揚傳統文化。筆者寄望中國傳統文化研究能夠持續發展，取得豐碩的成果，吸引愈來愈多年輕人熱愛自身的傳統文化，這也是中國文化發展的希望所在。

從研究方法看，雖然研究的是自身傳統文化，但是研究方法不能脫離客觀、中立的學術要求，學術規範具有普遍性，任何的學科都應遵守。同時，不能只是內向、封閉的，不能僅是一個區域概念，應該具備國際、學術與科學的視野，保持開放態度，跟其他專注於中國傳統文化研究的外國學者交流切磋，甚至就不同學術觀點展開辯論。

另一方面，中國傳統文化研究應採用多元的研究方法，而不應停留在對文獻的詮釋。過去比較強調傳世文獻和出土材料的使用，如今有更多新的研究方法，譬如歷史人類學的田野考察、口述歷史，以及碑刻和族譜資料整理等。同時，以往的研究比較注重文、史、哲的學科分類，但在目前看來，所謂的跨學科研究方法有其合理性，我們應該盡力打破學科之間的壁壘，不要受限於單一的學科分類。

在此基礎上，未來的中國傳統文化研究應該著重於推廣建設各類電子化數據庫。數據庫可以使研究者從個人、社會與文化之間的交叉網絡中尋求材料。未來的研究方式不能僅限於個人的閱讀和書寫，應該加強不同學科之間的材料互動，質化與量化研究對象和課題，這均依賴於多視野、多角度的數據庫的建立。

從道教研究學者的身份出發，筆者認為中國傳統文化研究過去忽視了道教在中國歷史發展中所擔當角色的重要性。道教對中國文化影響之大，很多時候是當下的研究者所無法想像的。道教屬於士人的修養之學，也屬於中國地方社會之學；可以作為國家政治之學，也是構成中國藝術、文學的核心文化之一。所以，至少在個人、社會和國家政治層面，無法忽視道教的影響。五四運動以來，由於知識分子的偏頗，不少人在中國文化的現代化進程中都避免談及宗教，甚至為宗教貼上迷信而非科學的標籤，並在對中國傳統文化的研究當中將道教排除在外。殊不知，出色的中國傳統文化研究一定包括對宗教的探討，如陳寅恪對天師道、禪宗的研究，陳垣對南宋初期河北新道教的研究，都擺脫了五四以來一般知識分子對宗教的排斥態度，體現了其學問之博大。

如前所述，道教研究得出的成果可以豐富我們對中國傳統文化的了解，反之，道教研究的發展也離不開中國傳統文化的土壤。道教從來沒有離開過中國文化、社會、政治環境，然而道教研究不能只為滿足自身劃定的狹小範疇。一些研究者受到西方宗教觀念的影響，認為宗教就是要脫離世俗社會，只關注與神聖世界之間的關係。但是道教研究不應該也不能單單停留在宗教學的層面，筆者認為要了解道教，一定要與中國地方社會相關聯，如道教儀式與中國地方社會的關係、道士在地方上所扮演的儀式專家的角色和作用等。我們對道教的文獻經典研究也不能離開書籍版本、刊刻經過的研究，它與中國傳統的文獻學、版本學不能分離；對道教和國家關係的研究，與整個中國的傳統政治變遷和改革不能分割；要談道教對中國文化的貢獻，也不能離開其與士人的聯繫，譬如扶乩信仰和科舉考試的關係；考察士大夫對道教文化的推廣也不能離開文人、社會、地方的背景。或者也可以說，道教在中國文化中的重要角色就落在地方社會、文人世界、國家政治當中。

綜上所述，道教研究從一開始到其未來發展都不能脫離與中國傳統文化研究的緊密關係，唯有從更大的研究視野出發，方可以使道教研究有發展、有希望、有未來。如果道教只關注自身的宗教之學，就脫離了中國社會文化傳承的脈絡，是沒有希望的。道教研究的成果一方面要與其他中國文化研究領域的學者交流溝通，另一方面也要接受他們的建議甚至批評，這樣才能使道教研究提升到更高的學術水平。

黎志添
香港中文大學中國文化研究所辦公室
二〇一七年五月九日（呂祖聖誕日）

香港蓬瀛仙館導賞

香港蓬瀛仙館創立於一九二九年，屬於道教全真龍門派的道觀。館內尊奉太上道祖、純陽呂祖師和長春丘祖師。館內殿宇房舍，莊嚴巍峨，園林錯綜其間，體現了中國傳統建築和道觀文化的特色。

參考資料

蓬瀛仙館
www.fysk.org

蓬瀛僊館牌坊

▲蓬瀛仙館牌坊於一九三四年興建，立於與大殿垂直的中軸線之上，在正背兩面均刻有坊名與對聯。牌坊正面的坊名和對聯為：

蓬瀛僊（同「仙」）館

西望瑤池，東來紫氣

南蟠粉嶺，北接青山

▲牌坊背面的坊名及對聯為：

眾妙之門

雖然是甘雨龢風，惟道而正

不在乎崇山峻嶺，有僊則名

對聯「不在乎崇山峻嶺，有僊則名」一句，與唐朝詩人劉禹錫《陋室銘》的首句「山不在高，有仙則名」有相同意境。

▲正面坊名與對聯：

蓬瀛仙館

蓬山日暖蒼長好，瀛海春深鶴未歸

山門正面坊名及對聯皆出自廣東書法名家呂燦銘先生手筆。現今的山門在一九八二年重修落成。牌坊的頂檐由黃色琉璃筒瓦鋪成，在正脊、戧脊及檐端均有瑞獸裝飾。

▲背面：

太極流芳

天與名山弘大道，人來勝地鍊玄真

福
正直為神萬方景仰
禁燃蠟燭

▶福德祠供奉的是土地神，乃地方的保護神。其職責是保境安民，正如祠前門聯所言「正直為神萬方景仰，無私守土四海咸欽」。

▶護法寶殿建於三聖大殿之前，是蓬瀛仙館供奉道教護法神王靈官的殿宇。此殿的獨特之處是建築於連結館內東齋與西齋的天橋之上，使寶殿淩空而起，與背後的三聖大殿成水平高度，更顯王靈官鎮館護法的威嚴。王靈官是道教宮觀的護法神。普遍的靈官殿都是修建在宮觀建築群臨近山門的前方，以鎮懾群魔，護衛宮觀。

護法寶殿

王靈官神像紅臉赤髮，滿鬚高翹，開口露牙，披甲執鞭，腳踏火車，正對山門。額上有火眼金睛，能辨識真偽，護鎮宮觀。

▲護法寶殿下的楹柱掛著一副對聯：

彭澤棄官，義皇高臥。

輞川捨宅，圖畫天開。

銅鑄香爐

蓬瀛仙館大殿前梯階安放著一座造工精美的銅鑄香爐。此爐依據北京白雲觀所藏的明代嘉靖乙丑（1529）銅鑄鍍金香爐，於一九九八年重新製作。該爐表面遍佈大小不同、作騰飛形態的浮雕金龍四十九條，構圖雄偉氣派。爐的三足各刻有一頭狻猊（亦名金猊），相傳為龍的九位兒子之一。在爐的下方以一塊圓形麻石作底墊，石面中心刻有太極八卦圖，邊沿則刻有十二生肖圖像。

三聖大殿

▲ 蓬瀛仙館主殿創建於一九三〇年仲夏，當時名命為「玉清寶殿」，供奉太上道祖及純陽呂祖師。一九七七年重修及擴建大殿。新大殿於一九八〇年完工，取名為「三聖大殿」，亦名「兜率宮」。

大殿脊獸

三聖大殿的屋頂制式為重檐歇山頂，兩層中的屋面及出檐均由古代皇帝才可使用的黃色琉璃筒瓦鋪成。屋頂上的正脊、戧脊及檐端上各有不同脊獸造型的琉璃構件，形相各具特色。

▲鴟吻

正脊兩端的脊獸名為鴟吻，被認為是龍的兒子，獸頭朝內，作張口吞咬正脊狀。明代文學家李東陽（1447-1516）在《懷麓堂集》〈記龍生九子〉中記載：「龍生九子不成龍，各有所好。……鴟吻平生好吞，今殿脊獸頭是其遺像。」

▲垂獸

位於垂脊末端，此獅相垂獸能夠起防止垂脊瓦片下滑及固定屋脊的作用。

▲戧脊脊獸

戧脊上最前端的是跨鳳仙人，往後五隻脊獸依序為龍、鳳、獅子、天馬、海馬。從跨鳳仙人往後計起的戧脊蹲獸數目多以三、五、七、九、十排列。蹲獸數目愈多，代表建築等級愈高。以北京故宮太和殿戧脊為例，就有最高等級的十隻蹲獸，依序為龍、鳳、獅子、天馬、海馬、狻猊、狎魚、獬豸、斗牛、行什。在往後上一級的戧脊端有一頭鰲魚戧獸，鰲魚由於被視為水獸，故多設於屋脊橫樑之上，作鎮宅防火的象徵。在大殿屋檐的下檐端有一突出的獸首，名為套獸。此構件會套在角樑榫上，防止樑頭被雨水侵蝕。

山花是歇山式屋頂兩端下的三角形部分，蓬瀛仙館的山花為雲拱太極圖案。

▶ 殿前牌坊

在三聖大殿的前方兩側，各立有兩個石製牌坊，左方的名為「真宇．寶筏」，右方的名為「蕊珠．金繩」。此四名各有寓意，「真宇」、「蕊珠」皆指真人神仙居住之地。

純陽寶殿
太上道經立德立言聖祖祥光垂萬世
請勿內進

▶三聖大殿供奉聖像。

▲純陽呂祖師

呂祖，名岩，字洞賓，號純陽子，為全真教創教五祖之一，此呂祖師聖像為束髻插簪貌、黑髮黑鬚，面容清秀。身穿青色右衽道衣，手執麈拂，端座於大殿左方。

▲太上道祖

道教至高尊神「三清」的其中一位。此道祖聖像為束髻長鬢，白髮白鬚形貌，面容慈祥。身穿八卦袍，手執麈拂，端座於大殿正中。

▲長春丘祖師

丘祖，名處機，字通密，號長春子，被全真教尊奉為龍門派開山祖師。此長春丘祖師聖像為束髻戴金冠，黑髮黑鬚，面相莊嚴。身穿青色右衽道衣，手執麈拂，端座於大殿右方。

除了祖師聖像，三聖大殿內的壁畫、鐘、鼓及壇場器物與佈置均有濃厚的道教特色。大殿左右兩方的牆壁上分別繪有降龍及伏虎神像，對應傳統四靈中青龍與白虎的座向，並擔當拱衛大殿的護法神角色。除了牆壁，殿頂亦繪有瑞鶴圖，描繪了仙鶴在天界遨翔的景象，寓意吉祥。

伏虎神像
庚申孟冬
七十九齡弟子 陳少峰敬繪

▶殿內的左側豎立了一口銅鐘，是一九三四年由馮宗修及駱宗勝道長捐獻。鐘上「蓬瀛仙館」及「廣州天成路永盛泰鑄」字樣，說明此鐘在廣州特地訂造後運至香港，是蓬瀛仙館現存的早期文物。該鐘與大殿內右側的鼓在每日開館及閉館時，均會擊響三十六通，寓意響徹道教天界中的三十六重天。

▲大殿中央是蓬瀛仙館的法壇，《清微禮斗科》、《玄門讚星科》等祈福或朝賀神明賀誕的儀式均在此舉行，這裡也是蓬瀛仙館經生每天唱誦早晚課的場所。除此之外，大殿左側放有籤筒及勝杯，供善信向神明問事。館內所用的為呂祖靈籤，共有一百籤。籤文沒有分類為上中下籤，而是直接列出籤文，並有解說文字。

呂祖靈簽

第十三簽　古人寶劍出匣

有劍開神路○何妖敢犯神○君子道長○小人道消○月明終有望○河上任逍遙○

（解曰）藏無用，現有威，凡事先險後吉。

（此卦）宜孝友和睦，培植根本，善者吉祥，仁者富貴，占之者能入孝出悌，自有奇逢佳境。

（又曰）時可圖兮勢可乘　爲山端的有邱陵　扶持總賴青雲客　龍躍魚淵象可徵

珠玉走盆中　田園定阜豐　休言謀未遂　此去便亨通

▶呂祖靈籤

元辰殿

蓬瀛仙館的元辰殿於一九九八年十月落成，供奉斗姥元君及六十甲子太歲神。道教認為斗姥元君是統轄天上眾星的尊神，包括北斗七元星君，而太歲神是由歲星所演化的值年將軍。現時，斗姥元君與太歲神均經常出現在同一殿宇之內。元辰殿的天花亦安置有四靈二十八宿的亮燈裝飾，以象徵元辰殿內所包含眾星的宇宙觀。

白虎
百壽圖
慈
善

▲斗姥元君，簡稱斗姥或斗姆。根據明代《正統道藏》所收錄的《太上玄靈斗姆大聖元君本命延生心經》記載，斗姥尊號為「九靈太妙白玉龜臺夜光金精祖母元君」，又有「中天梵炁斗母元君紫光明哲慈惠太素元后金真聖德天尊」等尊號。據該經所載，斗姥曾發下宏願生下聖子，以補禆造化，統制乾坤。一天，斗姥沐浴於九曲華池，池中湧出「白玉龜臺神獅寶座」；斗姥遂登上寶座怡養神真，修煉精魄，沖然攝炁。當修煉至果證玄靈妙道之際，無極微妙光明洞徹華池，化生金蓮九苞。後經歷人間七晝夜的時間，華池光明愈熾愈盛，上騰九華天中，最終化成北斗九皇，即天皇、紫微、貪狼、巨門、祿存、文曲、廉貞、武曲、破軍等星君。因此斗姥亦為北斗眾星之母。

蓬瀛仙館斗姥元君聖像形相莊嚴，具四首八臂，結跏趺坐於蓮花白玉寶座之上。元君四面之相各有不同，有慈

祥、憤怒、莊嚴、猙獰的面容。其最上一雙手各高舉日月，代表統轄眾星；第二雙手各持三清鈴及法印；第三雙手各執弓箭和戟；第四雙手則持手印。

▲道教認為，太歲神是掌管人間禍福的年神，向太歲神祈祀能夠獲得福庇。六十位太歲神與中國傳統的天干甲子曆互相對應，每一干支年份均有一位「值年太歲」，負責管理該年的流年運程，「值年太歲」每年均會輪流依據甲子曆的年份而更替。此外，每人出生年份所對應的「本命星君」，則會主管每人的一生吉凶命運，故禮拜「本命星君」有助自身運程。

蓬瀛仙館六十太歲神像的造形，是依據北京白雲觀藏、由「如意館」畫工所繪的三十幅「六十甲子太歲神」畫像而製作。每尊太歲神的形相都維肖維妙，神態各異，手執不同器物，各具特色。

觀音殿

▲蓬瀛仙館的觀音像由漢白玉所製。道教亦尊稱觀音為「慈航大士」，《道藏輯要》的《太上碧落洞天慈航靈感度世寶懺》就是關於「慈航大士」的懺本，當中亦有提及「大聖慈航普度大天尊」、「大悲大願大聖大慈尋聲救苦救難隨心消厄消災碧落洞天帝主圓通自在天尊」等尊號。殿內兩旁擺放了蓬瀛仙館善信的祈福斗桶。斗桶內有多種物品，各有寓意。殿堂上的四柱鑲滿祈福斗燈，各燈上均寫有祈福者的姓名及斗姆元君的圖像，供善信祈求福佑。

▲觀音殿內延續了供奉北斗、南斗及放置禮斗祈禳福品的傳統。在觀音尊像兩旁，分別懸掛了北斗七元星君及南斗六星君的畫像。中國傳統文化及道教信仰均相信北斗及南斗會主宰人的生死：「南斗注生，北斗注死。凡人受胎，皆從南斗過北斗；所有祈求，皆向北斗」。

蓬瀛仙館館徽及十二生肖石刻

蓬瀛仙館館徽包含三項元素，一是位於中央的太極陰陽圖案，二是位於上下方的《周易》地天泰卦卦象，三是位於左右方由篆書刻成的「蓬瀛」二字。

館名「蓬瀛」二字源於蓬萊與瀛洲，兩地是中國傳說中渤海的神山。《史記》〈秦始皇本紀〉及〈封禪書〉均言蓬萊、瀛洲、方丈是三神山，為神仙居住之地。

館徽
館名
八卦
十二生肖
十二地支

太上道德經壁

▶ 太上道德經壁頂脊上有九條翱翔之龍。壁的正面刻元代著名書法家趙孟頫的小楷，內容為《道德經》八十一章全文，並於此經文楷字上填金。

▲太上道祖養生訣

《太上道祖養生訣》原刻在陝西終南山古樓觀說經臺，由十四個冷僻字組成，讀音為「玉爐燒煉延年藥，正道行修益壽丹」。此訣隱含了道教的修煉要義。例如「⿰身寶」字由「身」和「寶」組成，因為道教認為人身有精、氣、神三寶。此字會意人身內有寶，珍貴如玉，故以「身」、「寶」取形，以「玉」取聲。又如「⿰身丹」字是由「身」和「丹」二字組成，寓意修煉內丹時以人身為丹爐，以固有的精、氣、神經過陰陽交會的作用，煉就養生真丹。故以「身」、「丹」取形，以「爐」取聲。

▲《八十七神仙卷》

《八十七神仙卷》是一幅朝元圖，由近現代著名畫家徐悲鴻於一九三七年在香港購得此畫原本。原畫縱三十公分，橫二百九十二公分，為絹本白描長卷，繪有八十七位道教人物。

明臺

▲一九六六年高臺落成，取名「明臺」。現今在明臺前豎立了「洞天福地」牌坊，上有對聯「玉宇步方高，蚪松月朗懷僊躅；紅塵飛不到，瑤草風香長道心」。

▲臺內楹間刻聯「僊館隱神山，舉步登臨探芝草；寶臺蟠粉嶺，息肩相與話桑麻」，此聯正上方掛有呂祖降筆的「道德惟馨」匾額，及「返樸歸真」橫匾。臺內四周的樑上還有彩畫及四首呂祖乩詩。

▲ 現明臺安放了三通碑記，其中歷史最悠久的是立於一九三七年的〈創建粉嶺蓬瀛仙館記〉。碑文記錄了蓬瀛仙館創立的原由。

▲「洞天福地」牌坊旁有一通立於一九六六年的〈蓬瀛仙館明臺碑記〉。此碑文記錄了創建明臺的因由。

蓬瀛仙館與北京白雲觀締結同源結盟丹爐

同源結盟丹爐由銅所鑄造，共有兩個。一個置於北京白雲觀內，一個佇立於蓬瀛仙館護法寶殿前，為蓬瀛仙館與北京白雲觀締結盟約的信物。同源結盟丹爐造工精美，爐身上刻了多種圖案及文字。丹爐基座為寶鼎構型，上有兩層六檐樓閣塔式結構，每個飛簷頂端都有一條銅鑄飛龍，龍的前爪均繫一銅鈴，兩隻爐耳亦刻有飛龍圖紋，整體古樸典雅而形象氣派。爐身一邊刻太極八卦圖案及「友誼常存」四字，另一邊則刻有「弘揚道教，同源結盟」八字。

樓閣式結構下方刻上有「暗八仙」圖案，為民間傳說中八仙的代表法器，象徵吉祥。當中包括張果老的魚鼓、呂洞賓的寶劍、韓湘子的笛子、何仙姑的荷花、鐵拐李的葫蘆、鍾離權的扇子、曹國舅的玉板和藍采和的花籃。

《了解道教》延伸閱讀書籍目錄

1. 丁培仁：《道教典籍百問》。北京：今日中國出版社，1996。
2. 小林正美著，王皓月、李之美譯：《唐代的道教與天師道》。濟南：齊魯書社，2013。
3. 朱越利：〈隋唐五代參同和非參同清修內丹術〉，《宗教哲學》，總第 42 期（2007），頁 59-70。
4. 吳光正主編：《八仙文化與八仙文學的現代闡釋——二十世紀國際八仙論叢》。哈爾濱：黑龍江人民出版社，2006。
5. 坂內栄夫：〈『鍾呂伝道集』と內丹思想〉，《中國思想史研究》，第 7 號（1985），頁 39-76。
6. 李養正：《當代中國道教》。北京：中國社會科學出版社，1993。
7. 李豐楙：《誤入與謫降——六朝與隋唐道教文學論集》。臺北：學生書局，1996。
8. 施舟人：《中國文化基因庫》。北京：北京大學出版社，2002。
9. 張廣保：《金元全真道內丹心性學》。北京：生活、讀書、新知三聯書店，1995。
10. 張廣保：《唐宋內丹道教》。上海：上海文化出版社，2001。
11. 莫尼卡著，萬鈞譯：〈「清代道藏」——江南蔣元庭本《道藏輯要》之研究〉，《宗教學研究》，

2010，頁 17-27。

12. 陳國符：《道藏源流考》上、下冊。北京：中華書局，1963。

13. 陳耀庭：《道教神學概論》。香港：青松出版社，2011。

14. 游子安、志賀市子：《道妙鸞通：扶乩與香港社會》上、下冊。香港：三聯書店（香港）有限公司，2021。

15. 蓋建民：《道教金丹派南宗考論》上、下冊。北京：社會科學文獻出版社，2013。

16. 蔡志祥：《打醮：香港的節日和地域社會》。香港：三聯書店（香港）有限公司，2000。

17. 黎志添、游子安、吳真合著：《香港道堂科儀歷史與傳承》。香港：中華書局（香港），2007。

18. 黎志添、游子安、吳真合著：《香港道教：歷史源流及其現代轉型》。香港：中華書局（香港），2010。

19. 黎志添：〈清代四種《呂祖全書》與呂祖扶乩道壇的關係〉，《中央研究院中國文哲研究集刊》，第 42 期（2013），頁 183-230。

20. 黎志添：〈道教地方科儀研究——香港道堂科儀及其歷史傳承〉，收入林富士編：《中國史新論——宗教史分冊》。臺北：中央研究院、聯經出版社，2010，頁 333-373。

21. 黎志添：《香港廟宇碑刻志：歷史與圖錄》上、中、下三冊。香港：中文大學出版社，2023。

22. 黎志添：《道貫嶺南——廣州三元宮志》。香港：中文大學出版社，2019。

23. 黎志添：《廣東地方道教研究——道觀、道士及科儀》。香港：中文大學出版社，2007。

24. 黎志添主編：《十九世紀以來中國地方道教的變遷》。香港：三聯書店（香港）有限公司，2013。

25. 黎志添主編：《道藏輯要．提要》上、中、下三冊。香港：中文大學出版社，2021。

26. 黎志添編譯：《修心煉性——〈呂祖疏解無上玄功靈妙真經〉白話註譯》。香港：中文大學出版社，2017。

27. Baldrian-Hussein, Farzeen. "Inner Alchemy: Notes on the Origin and Use of the Term 'Neidan'," *Cahiers d' Extrême-Asie*, no. 5 (1989): 163-90.

28. Esposito, Monica. *Creative Daoism*. Wil/Paris: University Media, 2013.

29. Kohn, Livia ed. *Daoism Handbook*. Leiden: Brill, 2000.

30. Liu, Xun and Vincent Goossaert eds. *Quanzhen Daoists in Chinese Society and Culture, 1500-2010*. Berkeley: Institute of East Asian Studies, 2013.

31. Palmer, David and Liu Xun eds. *Daoism in the Twentieth Century: Between Eternity and Modernity*. Berkeley: University of California Press, 2011.

32. Schipper, Kristofer. *The Taoist Body*. Berkeley: University of California Press, 1993.

33. Schipper, Kristofer. "Vernacular and Classical Ritual in Taoism," *Journal of Asian Studies*, 45 (1985): 21-57.

34. Schipper, Kristofer and Franciscus Verellen eds. *The Taoist Canon: A Historical Companion to the Daozang*. Chicago and London: University of Chicago Press, 2004.

書　　名　了解道教（增訂版）
作　　者　黎志添
責任編輯　周怡玲
封面設計　Kaceyellow
版式設計　姚國豪
協　　力　麥穎思、蔡蕾、寧礎鋒

出　　版　三聯書店（香港）有限公司
香港北角英皇道四九九號北角工業大廈二十樓
JOINT PUBLISHING (H.K.) CO., LTD.
20/F., North Point Industrial Building,
499 King's Road, North Point, Hong Kong

香港發行　香港聯合書刊物流有限公司
香港新界大埔汀麗路三十六號三字樓

印　　刷　寶華數碼印刷有限公司
香港柴灣吉勝街四十五號四樓A室

版　　次　二〇一七年五月香港第一版第一次印刷
二〇二五年五月香港增訂版第一次印刷

規　　格　特十六開（150mm × 210mm）三三六面

國際書號　ISBN 978-962-04-5658-9

三聯書店
http://jointpublishing.com

JPBooks.Plus
http://jpbooks.plus